Radfahren am Niederrhein

Bislicher Insel

Mit Ortsporträts von

DIE 25 SCHÖNSTEN E-BIKE-TOUREN AM NIEDERRHEIN

Die Landschaft am Niederrhein eignet sich geradezu ideal zum Radwandern. Das flache, nur von wenigen Hügelketten durchzogene Gebiet erfordert keine sportlichen Höchstleistungen, sondern bietet reizvolle und sehr unterschiedliche Landschaften sowie eine Vielfalt kultureller Sehenswürdigkeiten. Gemütliche Dörfer und historische Städte, Kirchen mit bedeutenden Kunstschätzen, ehrwürdige Klöster, verwunschene Wasserschlösser, großartige Parkanlagen sowie noch funktionierende Wind- und Wassermühlen liegen am Wegesrand.

Ein dichtes Netz von asphaltierten Wirtschaftswegen, stillen Waldwegen sowie ehemaligen Treidelpfaden und Deichen längs des Rheins und seiner Nebenflüsse bildet die Grundlage für ein mehr als 2.000 Kilometer langes Radwegenetz, das inzwischen mit einem Knotenpunktsystem vorbildlich ausgeschildert ist. Da macht es Freude, ganz nach Belieben und auch spontan kürzere oder längere Radtouren zu radeln.

Die vorliegende Auswahl von 25 Rundtouren soll Ihnen Anregungen für Ihre Radwanderungen geben. Diese Touren sind als Rundtouren konzipiert, die Sie zu interessanten Ausflugszielen und wieder zurück an den Ausgangsort führen.

Wenn Sie mehr Varianten suchen, weil Sie von einem bestimmten Ort aus mehrere Tagestouren unternehmen möchten oder mit vollem Gepäck von Quartier zu Quartier fahren oder weil Sie lieber längere oder kürzere Strecken radeln, können Sie diese Tourenvorschläge beliebig kombinieren, verlängern oder abkürzen.

Alle Touren haben als Ausgangs- und Zielpunkt einen Bahnhof, dessen Bahnsteige zumeist mit dem E-Bike stufenlos, zumindest aber mit dem Aufzug erreichbar sind, so dass das Schleppen der schweren Räder treppauf und treppab entfällt.

Auch die Ladestationen für E-Bikes entlang oder nahe der Route sind für jede Tour angegeben. Vergessen Sie bitte nicht das Ladekabel für Ihr E-Bike! Manche Station verfügt nur über eine einfache Steckdose oder das eine oder andere Café bietet schlicht die Nutzung der Außensteckdose zum Aufladen des E-Bikes an – mit eigenem Ladekabel kein Problem.

Am Niederrhein

Radwegweiser Xanten/Birten

Auch für Reisemobilisten eignet sich der Niederrhein als ideale Entdeckungsregion. Fast alle Touren verfügen gleich über mehrere Stellplätze an oder nahe der Route.

Kartenmaterial

Die Landschaft am Niederrhein ist im Allgemeinen sehr übersichtlich. Das Radwegenetz ist engmaschig und sehr gut ausgeschildert. Das Knotenpunktsystem trägt obendrein ausgezeichnet dazu bei, den gewünschten Kurs ohne großes Falten von Karten zu finden und ohne Verfahren zu absolvieren. Die kleinen Übersichtskarten in diesem Buch dürften dazu während der Radtour ausreichend sein.

Sollte es dennoch wider Erwarten einmal passieren, dass Sie ein Hinweisschild zum Abbiegen übersehen haben, so stoßen Sie in absehbarer Zeit an einen anderen Knotenpunkt und können sich neu orientieren. Wenn Sie unsicher sind, ob Sie sich noch auf dem richtigen Weg befinden, dürfte Ihnen auch ein Blick auf die Karte Ihres Smartphones weiterhelfen.

Der Rhein bei Krefeld-Uerdingen

Altrheinlandschaft bei Salmorth

In einem solchen Fall oder auch für die allgemeine Radtourenplanung, z.B. auch für die individuelle Zusammenstellung einer Radtour aus verschiedenen Elementen unterschiedlicher Tourenvorschläge dieses Buches, ist eine größere und detaillierte Radwegekarte natürlich von Vorteil. Dazu gibt es für den Bereich des Niederrhein zwei ADFC-Regionalkarten im Maßstab 1:75.000: Niederrhein Nord, bzw. Niederrhein Süd. Auf diese Weise können Sie z.B. bei Nutzung des ÖPNV auch Strecken planen, bei denen Sie einen anderen Bahnhof für die Abreise wählen als Ihren Startbahnhof.

Für den speziellen Fall, dass Sie auf eigene Faust Strecken abseits der ausgeschilderten Radwege planen möchten, sind Sie mit den noch detaillierteren Radwanderkarten der einzelnen Kreise besser bedient. Diese Karten gibt es im Maßstab 1:50.000 jeweils für die Kreise Kleve, Wesel, Viersen, das Heinsberger Land und den Rhein-Kreis Neuss.

Die ADFC-Regionalkarten gibt es auch als App unter www.fahrrad-buecher-karten.de/kartenapp.

Weiteres Überblickswissen zu unserem Pedal-Hobby liefern die Sammelwerke wie z.B. „Die 75 schönsten Urlaubstouren Deutschlands", „Die 44 schönsten

Panorama-E-Bike-Touren in Deutschland"; „Die 55 schönsten E-Bike-Touren Deutschlands", „Die 50 schönsten Radfernwege Deutschlands" und „Die 33 schönsten Flussradwege Deutschlands", „Die 99 schönsten Radtouren für Camper in Deutschland", „Die 111 schönsten Radtouren Deutschlands", oder „Die 50 schönsten Bahntrassen-Radwege Deutschlands".

GPS

Auch für dieses Buch möchten wir Ihnen als zusätzliche Hilfestellung die Nutzung auf ihrem GPS-Gerät anbieten: Für jede der im Buch aufgeführten Touren stellen wir Ihnen entsprechende Track-Daten zum Download auf Ihren PC oder direkt in unsere Karten-App zur Verfügung:
www.fahrrad-buecher-karten.de/ebiketourendigital
Zugangscode: **NIED-01-154-597-EBB**

Helfen Sie mit!

Die in diesem Buch enthaltenen Informationen wurden sorgfältig nach bestem Wissen und Gewissen zusammengetragen. Dennoch gibt es in unserer schnelllebigen Zeit ständig Veränderungen: Straßennamen und Wegführungen werden verändert, ebenso Anschriften und Öffnungszeiten. Helfen Sie uns mit, dieses Buch ständig aktuell zu halten, in dem Sie uns etwaige Änderungen unter buecher@bva-bikemedia.de mitteilen. Unser Dank ist Ihnen so gewiss wie der Dank der anderen Leserinnen und Leser!

VIEL SPASS BEIM RADELN!

Blick auf Kleve und die Schwanenburg

Tour 1

Länge 47 km

DURCH DIE DÜFFEL

Rundtour von Kleve über Kranenburg und Düffelward

Die überwiegend ebene Tour führt nach einem steilen Anstieg von der ehemaligen Residenzstadt Kleve durch ebenes, fruchtbares Ackerland in den Rheinniederungen mit schönen alten Kopfweiden und schnurgeraden Pappelreihen zum tiefsten Geländepunkt in Nordrhein-Westfalen. Auch eine landschaftlich reizvolle Etappe entlang des Altrheins gehört dazu.

Was erwartet mich?

47 km, eine Tour mit einem starken Anstieg und Gefälle auf den ersten Kilometern und danach in topfebener Landschaft ein Mix von Straßen, asphaltierten Wirtschaftswegen, naturbelassenen Wegen und Pfaden.

Was muss ich sehen?

1 **Schwanenburg** in Kleve
2 **Ehemalige Stadtbefestigung mit Mühlenturm** sowie die **Wallfahrtskirche** in Kranenburg
3 **Rheinteilung bei Millingen**
4 **Windmühle** in Donsbrüggen

Wie komm' ich hin?

ÖPNV:
Hauptbahnhof Kleve
Mit dem Auto:
A 3 oder A 57, B 57, in Kleve: Bahnhofstraße

Wo tank' ich auf?

Gaststätte Polm
Kirchstraße 7,
Kranenburg-Zyfflich
Leo Jacobs Sommerwirtschaft
Opschlag 22, Kleve

Kartentipp: **ADFC Regionalkarte Niederrhein Nord**

TOURSTART

Sie starten in Kleve am Bahnhof. Dieser ist ein Endbahnhof – die Züge kommen am Hausbahnsteig an Gleis 1 an und fahren dort auch wieder ab. Der Bahnsteig ist stufenlos erreichbar. Sie brauchen Ihr E-Bike daher keine Treppen hinauf oder herunter zu tragen.

*Sie radeln über die **Knoten** 26 und 24 zum **Knotenpunkt** 27.*

Dabei passieren Sie das Wahrzeichen der Stadt, die 1 **Schwanenburg**, die ihren Namen von der Wetterfahne in Gestalt eines großen Schwanes ableitet und die an die Schwanenritterlegende aus dem 13. Jahrhundert erinnert. Bereits am Ende des 11. Jahrhunderts hatte es hier eine Burganlage gegeben, die im Laufe der Jahrhunderte mehrfach umgebaut und schließlich im 17. Jahrhundert als Barockschloss gestaltet wurde. Am Ende des 18. Jahrhunderts und zu Beginn des 19. Jahrhunderts wurden viele Teile abgerissen. Im **Schwanenturm** befindet sich ein **geologisches Museum** und vom Turm aus bietet sich ein großartiger Panoramablick über die Rheinebene. Ansonsten wird die Burg von der Justiz genutzt.

Stadtmauer in Kranenburg

*Vom **Knotenpunkt** 27 radeln Sie in der Rechtskurve mit der NiederrheinRoute nach links und (für niederrheinische Verhältnisse steil) bergan zum **Knotenpunkt** 29 am 99 Meter hohen Klever Berg – dem höchsten Berg am unteren Niederrhein. Ebenso steil bergab geht es nach Nütterden und weiter geradeaus auf der Römerstraße über den Kreisel bis zum Ende der Straße. Hier fahren wir geradeaus und treffen auf die Gocher Straße, rechts, am Kreisel links und mit der Rechtskurve zum **Knotenpunkt** 37 in Kranenburg.*

Dort ist ein Teil der 2 **ehemaligen Stadtbefestigung** mit Wall und Graben und dem **Mühlenturm** noch heute erhalten. Sehenswert ist auch die alte **Wallfahrtskirche**. Mehr Informationen über den Ort finden Sie im **Ortsporträt Kranenburg** (s. Seite 24).

Schwanenburg

Sankt Peter und Paul
in Kranenburg

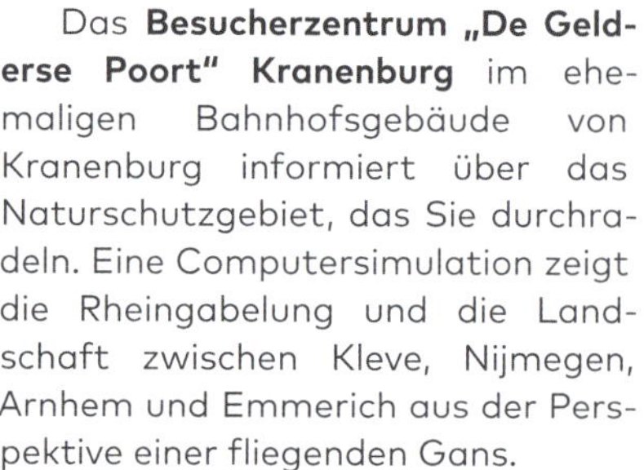

Das **Besucherzentrum „De Gelderse Poort" Kranenburg** im ehemaligen Bahnhofsgebäude von Kranenburg informiert über das Naturschutzgebiet, das Sie durchradeln. Eine Computersimulation zeigt die Rheingabelung und die Landschaft zwischen Kleve, Nijmegen, Arnhem und Emmerich aus der Perspektive einer fliegenden Gans.

Sie radeln weiter nach links über die ***Knotenpunkte*** *86, rechts 69 zur 67 in Zyfflich.*

In diesem Ortsteil von Kranenburg befindet sich der am niedrigsten gelegene Geländepunkt in Nordrhein-Westfalen. Bis in die 1920er Jahre, bevor das Pumpwerk in Nijmegen gebaut wurde, war das Land mindestens zweimal im Jahr von den Hochwassern des Rheins überflutet.

In der naturnahen bäuerlichen **Kulturlandschaft „Düffel"** zwischen Kleve, Kranenburg und Nijmegen war ursprünglich der Weißstorch beheimatet. Durch die zunehmende Entwässerung der Rheinniederungslandschaft ging der Brutbestand in der ersten Hälfte des 20. Jahrhunderts stark zurück. 1946 starb der Weißstorch in dieser Landschaft aus. Erst nachdem die Düffel 1987 unter Naturschutz gestellt wurde, übersommern hier wieder regelmäßig Weißstörche. In Zyfflich brütete 1996 erstmals wieder ein Weißstorchpaar erfolgreich in der Düffel.

Vom ***Knoten*** *67 geht es weiter in Richtung des niederländischen* ***Knotenpunktes*** *66 – an der Linkskurve jedoch nehmen wir eine Abkürzung und fahren geradeaus über den Kanal, an der querenden Straße rechts und in Richtung* ***Knoten*** *65. Wo die Route bei Leuth nach rechts abknickt, radeln Sie weiter geradeaus und folgen später der Beschilderung zum* ***Knotenpunkt*** *95 in Kekerdom.*

Landschaft bei Düffelward mit Pferden an einem Kolk

Die Ortschaft lag einst mit einer kleinen Befestigung an der Grenze des Römischen Reiches unweit den Legionslagern in Nijmegen und Rindern nördlich von Kleve.

*Unsere Tour führt nun zum **Knotenpunkt** 72 und weiter zur 94 in Millingen aan de Rijn.*

Beim **Knoten** 72 erreichen Sie die Waal, den südlichen Mündungsarm des Rheins. Gegenüber des Flusses sehen Sie den kleineren Nederrijn, den anderen Mündungsarm des Rheins, der hier nach Norden in Richtung Arnhem abknickt.

3 **Millingen aan de Rijn** führt zu Recht die Bezeichnung „am Rhein", da sich der aus Deutschland kommende Fluss ja erst kurz darauf, nur zwei Kilometer weiter westlich teilt. Auch in Millingen gibt es ein **Besucherzentrum zum Naturschutzgebiet „De Gelderse Poort".**

Mit der D8-Route erreichen wir den deutschen ***Knotenpunkt*** **33**.

Windmühle in Keeken

In Keeken, einem Ortsteil von Kleve, fällt als erstes die **Windmühle** auf, ein Wallholländer mit Segelgatterflügeln, der im Jahre 1810 aus Stein errichtet wurde. 1958 stillgelegt, wird die Mühle seit 1995 als Senioreneinrichtung genutzt. Im Informationszentrum des Naturschutzgebietes „De Gelderse Poort" können Besucher die Landschaft und das Leben am Rhein im Laufe der Geschichte von der Eiszeit bis heute entdecken.

Sie radeln geradeaus weiter zum ***Knoten*** **5** *in Düffelward.*

Auch in diesem Abschnitt erleben Sie das typische Niederrhein-Panorama, wo schnurgerade Pappelreihen die Landschaft durchziehen. Auf der anderen Altrheinseite liegt die Insel Salmorth mit der **historischen Festung Schenkenschanz**. Im Achtzigjährigen Krieg zwischen den Niederlanden und Spanien von 1568 bis 1648 befand sich hier eine bedeutende Festung, die Ende des 16. Jahrhunderts zu den stärksten Europas zählte. Bei Schenkenschanz teilte sich damals der Rhein in Waal und Nederrijn.

In Düffelward lenken Sie nach Westen zum **Knotenpunkt** **70** in Mehr, einem Ortsteil von Kranenburg.

Vom ***Knoten*** **5** *nach rechts durchradeln Sie eine Wiesen- und Weidelandschaft, die von zahlreichen Entwässerungsgräben durchzogen ist, und gelangen zum* ***Knoten*** **70**.

Die **Kirche St. Martinus** in Mehr stammt größtenteils aus dem 15. Jahrhundert, die beiden unteren Geschosse des Turms sind älter. Umbauten wurden im 19. Jahrhundert vorgenommen.

Reisemobilstellplätze an oder nahe der Route

Café Bistro Königsgarten, Königsgarten 52, Kleve
Draisinenbahnhof Kleve
Wiesenstraße, Kleve
Dorfplatz Nütterden
Hoher Weg/Binnenfeld, Kranenburg-Nütterden
Zweirad Gertzen
Lindenstraße 63
Kranenburg-Nütterden
Rathaus
Klever Straße 4, Kranenburg
Marktplatz Kranenburg
Markt 1, Kranenburg
Tourist Info Center Alter Bahnhof
Bahnhofstraße 15, Kranenburg
Caféhaus Niederrhein, Bahnhofstraße 15, Kranenburg
Bäckerei Derks
Große Straße 73, Kranenburg
Gaststätte „Haus Hünnekes"
Klever Straße 62, Kranenburg
„Curry Q" (EAK)
Großen Haag 9-17, Kranenburg
Gästehaus und Hofcafé „Lindenhof"
Landstraße 6, Kranenburg-Mehr

Windmühle in Donsbrüggen

Die **Windmühle** wurde um 1840 errichtet. Bis zum Zweiten Weltkrieg wurde hier noch mit Windkraft gemahlen. Heute wird sie als privates Wohngebäude genutzt.

*Weiter geht die Tour nach links zum **Knoten** 31 in Donsbrüggen.*

Die 4 **Alte Mühle** von Donsbrüggen, eine 1824 errichtete achteckige hölzerne Holländermühle ist noch heute in Betrieb. Sie gehört zu den wenigen Mühlen mit so genannten Bilauschen Ventikanten, eine aus dem Flugzeugbau entlehnte Bauweise der Flügel, die bei einer Renovierung in den Jahren 1955 bis 1963 angebracht wurden. Das kleine Museum bietet Informationen zur Funktionsweise dieser und anderer Mühlen.

Die **Alte Schmiede Donsbrüggen** wurde 1912 errichtet und bis 1955 betrieben. Heute birgt sie eine Sammlung zum ländlichen Schmiedehandwerk.

*Nach links über den **Knotenpunkt** 32 radeln Sie wieder zurück zum **Knotenpunkt** 22 und über den Kreisel links zum Bahnhof Kleve, Ihrem Ausgangspunkt.*

Weitere Informationen über Sehenswertes in der Stadt finden Sie im **Ortsporträt Kleve** (siehe S. 20).

E-Bike Ladestationen an oder nahe der Route

Stellplatz am Bahnhof
Van-den-Bergh-Straße, Kleve

Wohnmobilstellplatz Am Willisee
Zyfflicher Straße 33, Kleve

Wohnmobilstellplatz Schenkenschanz
Martin-Schenk-Straße, Kleve

Reisemobilpark Kleve
Landwehr 4, Kleve

Wohnmobilstellplatz am Sportzentrum
Alde Börg / Großen Haag, Kranenburg

Orts-portrait

KLEVE

Die Kreisstadt mit ihren gut 52.000 Einwohnern bietet ihren Besuchern und besonders Radlern sehr viel mehr, als auf den ersten Blick zu erahnen ist.

Gartenanlagen in Kleve

Schwanenburg

Das liegt zum einen an den reichen Zeugnissen einer wechselvollen Geschichte und zum anderen an Eingemeindungen zahlreicher landschaftlich reizvoll gelegener Dörfer.

Der Name Kleve leitet sich ab von Kliff (Klippe), womit der steile Burgberg gemeint ist, über dem sich die weithin sichtbare **Schwanenburg** erhebt, die an die Schwanenritterlegende aus dem 13. Jahrhundert erinnert.

Dank einer geschickten Heiratspolitik gehörten die Grafen von Kleve zum europäischen Hochadel. Anna von Kleve (1515 bis 1557) war die vierte Ehefrau des englischen Königs Heinrich VIII und damit für ein halbes Jahr englische Königin. Nach der Vereinigung der Herzogtümer Kleve, Jülich, und Berg, sowie der Grafschaften Mark

und Ravensberg 1521 konkurrierte Kleve mit Düsseldorf als herzogliche Residenz und ihr Herrschaftsgebiet umfasste große Teile des heutigen Nordrhein-Westfalen.

Im 17. Jahrhundert erhielt Kleve den Status einer brandenburgischen Residenzstadt (neben Berlin und Königsberg) und Johann Moritz von Nassau-Siegen wurde 1647 vom Großen Kurfürsten Friedrich Wilhelm als Statthalter in Kleve eingesetzt. Der Kurfürst bevorzugte nach seiner Heirat zuerst Kleve statt Berlin als Lebensmittelpunkt. Dort kamen seine ersten beiden Kinder zur Welt.

Die starken Zerstörungen des Zweiten Weltkrieges überstand der 1467 erbaute Marstall, im Gegensatz zur **Schwanenburg**, als eines der wenigen historischen Gebäude relativ unversehrt. Die Burg wurde neu errichtet. In ihrem Turm zeigt ein Museum mineralogische und paläontologische Funde vom Niederrhein.

Ehemaliges Kurhaus Kleve

Das **Koekkoek-Haus** ließ der niederländische Landschaftsmaler Barend Cornelis Koekkoek (1803–1862) in den Jahren 1847/1848 als Wohn- und Ateliergebäude errichten. Hier zeigt ein Museum vor allem Gemälde Koekkoeks und seiner Zeitgenossen.

Nach der Entdeckung von Mineralquellen wurden Mitte des 19. Jahrhunderts die Kuranlagen in Bad Cleve ausgebaut. An der Tiergartenstraße entstanden zahlreiche Villen im Klassizismus und der Gründerzeit. Das ehemalige Kurhaus dient heute als Museum und beherbergt eine Sammlung zeitgenössischer Kunst, darunter auch den Nachlass des Malers und Bildhauers Ewald Mataré.

Besonders sehenswert sind die zum Teil noch erhaltenen **barocken Gartenanlagen** mit dem **Amphitheater**, die der Statthalter Johann Moritz von Nassau-Siegen ab 1647 anlegen ließ. Sie dienten ab 1660 als Vorbild für die Gartenanlagen des Potsdamer Stadtschlosses des brandenburgischen Großen Kurfürsten. Die Blickachse vom Springenberg über den Prinz-Moritz-Kanal zum Rhein und der dahinter gelegenen Ortschaft Hochelten vermittelt noch heute einen Eindruck der kunstvoll angelegten Gärten.

Zwischen dem Zentrum und dem Rhein liegt der Ortsteil Rindern. Hier dürfte das bei Tacitus erwähnte **Römerlager Arenacum** gelegen haben, das im Jahre 70 bei der Niederschlagung des Bataver-Aufstandes eine Rolle spielte. Einige römische, aber auch keltische und fränkische Funde werden im kleinen Museum neben der Kirche gezeigt, andere finden sich im Museum Kurhaus Kleve und im Rheinischen Landesmuseum in Bonn.

Die **Kirche St. Willibrord** wurde auf römischen Fundamenten aus dem 1. Jahrhundert errichtet. Im Innern dient ein dem römischen Gott Mars-Camulus geweihter Stein als Altar.

Die **Wasserburg Rindern** wurde ursprünglich 1654 erbaut und wurde vom Großen Kurfürst von Brandenburg als Jagdhaus genutzt. Nach Umbauten im 18. und 19. Jahrhundert blieben von der ursprünglichen Fassadengestaltung nur einige Sandsteinornamente erhalten.

Landschaftlich besonders reizvoll gelegen sind die Ortsteile entlang des Altrheins zwischen Keeken nahe der niederländischen Grenze im Westen und Griethausen im Osten südlich von Rees.

Denkmal des Großen Kurfürsten

Radelt man nach Keeken so fällt als Erstes die Windmühle auf, ein Wallholländer mit Segelgatterflügeln aus dem Jahre 1810, der aus Stein errichtet wurde. Zuvor gab es an gleicher Stelle eine hölzerne Windmühle, die bei der großen Flut 1809, die nicht nur hier großen Schaden angerichtet hat, zerstört wurde. Erst 1958 wurde die heutige Mühle stillgelegt. Seit 1992 wird das Mühlengebäude als privates Seniorenheim genutzt.

Ein **Informationszentrum des Naturschutzgebietes „De Gelderse Poort"** („Das Tor zu Gelderland") ist in einem ehemaligen Bauernhof untergebracht. Hier können Besucher mit interaktiven Modellen die Landschaft und das Leben am Rhein im Laufe der Geschichte, von der Eiszeit bis heute, entdecken. Präparate einheimischer Vögel und ein Aquarium mit im Rhein lebenden Fischen ergänzen die Ausstellung.

Alte Eisenbahnbrücke in Griethausen

Im Ortsteil Wardhausen erinnert das **Johanna-Sebus-Denkmal** an eine 17-Jährige, die bei der großen Flut 1809 ums Leben kam, als sie andere Menschen vor dem Ertrinken retten wollte. Johann Wolfgang von Goethe widmete ihr im selben Jahr eine Ballade, die Franz Schubert 1821 vertonte. Das Grab von Johanna Sebus befindet sich in der Kirche von Rindern. Das 1811 errichtete Denkmal trägt auf der Vorderseite eine Inschrift in französischer Sprache, als das Arrondissement de Clèves zu Frankreich gehörte. Die deutsche Übersetzung auf der Rückseite stammt aus dem Jahre 1953.

In Griethausen ist als Industriedenkmal die alte **Eisenbahnbrücke** erhalten geblieben, über diese verband eine Bahnlinie Köln mit den niederländischen Nordsee-Häfen.

Zwischen Rhein und dem Griethausener Altrhein erstreckt sich die **Insel Schenkenschanz**. Im Achtzigjährigen Krieg zwischen den Niederlanden und Spanien von 1568 bis 1648 befand sich hier eine bedeutende Festung, denn bei Schenkenschanz teilte sich damals der Rhein in den südlich verlaufenden Waal und den nach Norden abknickenden Nederrijn. Schenkenschanz wurde daher als „Hüter beider Ströme" bezeichnet. Da das Bett des Rheins sich im Laufe der Jahrhunderte verlagerte, liegt die Rheinteilung heute etwa 7,5 Kilometer weiter westlich bei Millingen.

Im Auftrag der Königin Elisabeth I von England ließ Lord Robert Dudley 1586/87 durch den Feldhauptmann Martin Schenk von Nideggen Schenkenschanz zur Festung ausbauen, die Ende des 16. Jahrhunderts zu den stärksten Europas zählte. Sie galt als Tor zu den Niederlanden lange Zeit als uneinnehmbar. Im Juni 1672 stand schließlich der französische König Ludwig XIV. mit seinen Truppen vor den Toren von Schenkenschanz, wie auch ein Kupferstich zeigt, der im Städtischen Museum **Haus Koekkoek** in Kleve ausgestellt ist.

Orts-
portrait

KRANENBURG

Die weit im Westen an der Grenze zu den Niederlanden gelegene Stadt wurde im 13. Jahrhundert von den Grafen von Kleve gegründet.

Mühlenturm

1294 wurde ihr das Stadtrecht verliehen. Ab 1308 entwickelte sie sich zu einem bedeutenden Wallfahrtsort, in dem ein „Wundertätiges Kreuz" verehrt wurde. Ab 1395 wurden eine neue Burg und eine Stadtbefestigung mit zwei Toren und einer Vielzahl von Türmen errichtet. Den südlichsten Punkt bildete der Turm der Stadtwindmühle.

Ein Teil der **ehemaligen Stadtbefestigung**, mit Wall und Graben, ist noch heute erhalten, darunter auch restaurierte Reste der alten Stadtmauer zwischen Wanderstraße und Rütterswall.

In der ersten Hälfte des 15. Jahrhunderts erlebte die Stadt ihre Blütezeit und durch die Kreuzwallfahrt reich geworden, wurde mit dem Neubau einer großen **gotischen Kirche** begonnen. Doch der allmähliche Rückgang der Wallfahrt verhinderte die Vollendung des Baues nach den ursprünglichen Plänen. Im 16. Jahrhundert kam die Wallfahrt zeitweise zum Erliegen, nachdem Herzog Wilhelm V. das Kreuz nach Kleve bringen ließ.

Pfarrkirche St. Peter und Paul

Etwas mehr Zulauf fand die Kranenburger Wallfahrt später durch Katholiken aus den protestantisch dominierten Niederlanden. Noch heute findet die Kreuzprozession jährlich am ersten Sonntag nach dem Fest der Kreuzerhöhung (14. September) statt.

Mehrere Stadtbrände und Hochwasserkatastrophen zogen die Stadt in Mitleidenschaft. 1789 brannte das historische Rathaus ab und um 1800 wurden die inzwischen baufälligen Stadttore abgebrochen. Der unvollendete Stumpf des Kirchturms wurde erst kurz vor dem Ersten Weltkrieg mit einer Schieferhaube gekrönt.

Die im Zweiten Weltkrieg stark zerstörte Kirche bietet nach ihrem Wiederaufbau noch immer eine beeindruckende Innenausstattung. Der Kreuzaltar ist ein Antwerpener Retabel aus dem 16. Jahrhundert, dessen Figuren bis auf wenige Ausnahmen erhalten blieben. Bei dem um 1900 konzipierten Hochaltar wurden die oberen Altarflügel aus dem Jahre 1563 eingebaut. Der neugotische Schrein birgt Figuren aus dem 15. Jahrhundert. Obendrein blieb eine Vielzahl von Skulpturen und Bildwerken erhalten, darunter eine Christophorusfigur aus der ersten Hälfte des 16. Jahrhunderts und eine Altartafel mit der Darstellung des Kalvarienbergs von etwa 1430. Der sechseckige Taufstein aus dem Jahr 1448 ist ein maßwerkverziertes Meisterstück der Spätgotik.

Katharinenhof

Sehenswert ist auch der erhalten gebliebene **Mühlenturm der ehemaligen Stadtbefestigung**, der bis zum Ersten Weltkrieg noch als Windmühle in Betrieb war. Heute wird das Gebäude als Heimatmuseum genutzt. Eine Dauerausstellung zeigt auf den fünf Geschossebenen des Turmes Exponate zur Geschichte der Region.

Der **Katharinenhof** war von 1446 bis zur Auflösung 1802 ein Schwesternkonvent. Seit 1961 dient er als Museum. Mit Unterstützung des Kranenburger Kunstsammlers Hans van der Grinten, der gemeinsam mit seinem Bruder Franz Joseph die umfangreichste Sammlung von Werken Joseph Beuys in Schloss Moyland aufbaute, entwickelte sich der Katharinenhof zu einem Kunstmuseum.

Schloss Moyland

Tour 2 Länge 51 km

KÜNSTLER AM NIEDERRHEIN

Rundtour von Kleve über Kalkar und Schloss Moyland

Die abwechslungsreiche Tour führt zu großartigen Panoramen und zu einigen der bedeutendsten Kunstschätze am Niederrhein. Der Blick vom Turm der Schwanenburg in Kleve bietet gleich zu Beginn einen schönen Ausblick auf die Landschaft am Niederrhein, die hier mit außerordentlich reizvollen Radeletappen auf dem Drususdeich zwischen Kleve und Rindern und entlang des Altrheins zwischen Düffelward und Griethausen lockt.

Was erwartet mich?

51,3 km auf überwiegend asphaltierten Wirtschaftswegen und ruhigen Nebenstraßen, leichte Steigungen am Ende der Tour zwischen Qualburg und Kleve.

Wie komm ich hin?

ÖPNV:
Hauptbahnhof Kleve

Mit dem Auto:
A 3 oder A 57, B 57, in Kleve: Bahnhofstraße

Was muss ich sehen?

1 **Schwanenburg** in Kleve
2 **Pfarrkirche St. Willibrord** in Kleve-Rindern
3 **Gotisches Rathaus** in Kalkar
4 **St.-Nicolai-Kirche** in Kalkar
5 **Schloss Moyland** in Bedburg-Hau
6 **Moritzgrab** in Bedburg-Hau

Wo tank ich auf?

Leo Jacobs Sommerwirtschaft
Opschlag 22, Kleve
Brauhaus Kalkarer Mühle
Mühlenstege 8, Kalkar

Kartentipp: **ADFC Regionalkarte Niederrhein Nord**

TOURSTART

Sie starten in Kleve am Bahnhof. Dieser ist ein Endbahnhof – die Züge kommen am Hausbahnsteig an Gleis 1 an und fahren dort ab. Der Bahnsteig ist stufenlos erreichbar. Sie brauchen Ihr E-Bike daher keine Treppen hinauf oder herunter zu tragen. Vom Bahnhof radeln Sie über die ***Knotenpunkte*** *22 und 32 in Richtung 5.*

Ausführliche Informationen zu den Sehenswürdigkeiten (u.a. die 1 **Schwanenburg**) in der Stadt finden Sie im **Ortsporträt Kleve** (s. S. 20).

Linker Hand sehen Sie die schönen Parkanlagen der Wasserburg Rindern mit Gräften auf denen ein Schwan natürlich nicht fehlen darf.

Die Wasserburg Rindern wurde ursprünglich 1654 erbaut und wurde vom Großen Kurfürst von Brandenburg als Jagdhaus genutzt. Nach Umbauten im 18. und 19. Jahrhundert blieben von der ursprünglichen Fassadengestaltung nur einige Sandsteinornamente erhalten.

Im Ortsteil Rindern lohnt die 2 **Kirche St. Willibrord** einen Besuch. Sie wurde auf römischen Fundamenten aus dem 1. Jahrhundert errichtet. Im Inneren dient ein, dem römischen Gott Mars-Camulus, geweihter Stein als Altar. Im kleinen Museum neben der Kirche werden einige römische, aber auch keltische und fränkische Funde gezeigt.

Hinter Rindern radeln Sie auf einer landschaftlich besonders schönen Etappe auf dem Drususdeich durch eine Landschaft mit mehreren, teilweise mit Seerosen bestandenen kleinen Teichen, die hier Kolke genannt werden.

Kühe und Pferde weiden auf den saftigen Wiesen. Der Deich ist benannt nach Drusus, einem Stiefsohn des römischen Kaisers Augustus. Als Feldherr führte dieser Feldzüge gegen die Germanen und stieß dabei bis zur Nordseeküste und zur Elbe bei der heutigen Stadt Magdeburg vor.

Kirche St. Willibrord in Rindern

Bei Düffelward erreichen Sie den Deich des Altrheins und sehen in der Ferne den Eltener Berg. Sie lenken nach rechts zum ***Knotenpunkt*** *4.*

Schwanenburg

Kurz vor Wardhausen passieren Sie das Denkmal von Johanna-Sebus, die bei der großen Flut 1809 ums Leben kam, als sie andere Menschen vor dem Ertrinken retten wollte. Anschließend setzen Sie bei einer kleinen Schleuse über den Spoykanal. Fast zwei Kilometer fahren Sie auf dem Deich, vorbei an einem schönen, großen Kolk bei Brienen nach Griethausen. Dort passieren Sie die ehemalige Eisenbahnbrücke über den Altrhein, die einstmals Köln mit den niederländischen Nordsee-Häfen verband. Am alten Rheintor von Griethausen befinden sich Hochwassermarken mit historischen Pegelständen.

Ausführlichere Informationen zu den Sehenswürdigkeiten in den Klever Ortsteilen Rindern, Düffelward, Wardhausen und Griethausen finden Sie im **Ortsporträt Kleve** (s. S. 20).

*Sie radeln jetzt weiter über den **Knotenpunkt** 13 zum **Knotenpunkt** 12.*

Dabei passieren Sie die **Emmericher Rheinbrücke**, die in einer Höhe von etwa 30 Metern den Rhein überspannt. Sie ist mit einer Länge von 803 Metern und 500 Metern Spannweite die längste Hängebrücke Deutschlands.

Das historische Rathaus in Kalkar

*Weiter geht es zum **Knotenpunkt** 47 in Grieth, einem Ortsteil von Kalkar.*

Am Ortseingang sehen Sie den Turm der **Griether Mühle**, einer ehemaligen Windmühle aus dem Jahr 1821.

*Dann fahren Sie zum **Knotenpunkt** 54.*

Hier sehen Sie das Ungetüm der **Ruine des „Schnellen Brüters"**. Das ehemalige Atomkraftwerk wurde trotz heftiger Proteste 1985 fertiggestellt, aber nie in Betrieb genommen. 1991 wurde das 7 Milliarden DM teure Projekt wegen sicherheitspolitischer und politischer Bedenken eingestellt. Ausgleichszahlungen des Landes Nordrhein-Westfalen für die betroffene Region flossen vor allem in die Entwicklung des Radwandertourismus durch die Niederrhein-Route, die 1994 eröffnet wurde. In der Ruine des „Schnellen Brüters", dessen Abriss 75 Millionen Euro gekostet hätte, wurde von einem niederländischen Investor ein Freizeitpark errichtet, bis 2005 unter der Bezeichnung „Kernwasser Wunderland", später **„Wunderland Kalkar"**.

*Die Tour führt nun zum **Knotenpunkt** 6 in Kalkar.*

Die Route führt entlang am **Wisseler See**, einem Seglerparadies mit Strandbad. Später verläuft die Route schön geführt an einem Bachlauf entlang.

Die Stadt Kalkar wurde im Jahre 1230 vom Grafen Dietrich V. von Kleve als Zentrum an der Kreuzung wichtiger Handelsstraßen gegründet und planmäßig entworfen. Ihre schnelle wirtschaftliche Blüte verdankte sie der Wollweberei. Hergestellt wurden vor allem aus Schafwolle gefertigte Stoffe. Kalkar trat der Hanse bei und zählte bereits im 15. Jahrhundert mehr als 4.000 Einwohner. Vom einstigen Reichtum künden noch heute die alten Häuser im Stadtzentrum. Den Markt dominiert das 3 **historische Rathaus**, das von 1438 bis 1445/46 im Stil der Backsteingotik errichtet wurde. Anfangs befand sich im Erdgeschoss die Markthalle mit Tuch- und Fleischständen sowie die

Stadtwaage. In den darüber liegenden Geschossen hatte die Stadtverwaltung ihre Räume. Im großen Saal tagte zudem das Gericht. Das mächtige Dachgeschoss diente als Kornspeicher.

Einen kleinen Abstecher vom Markt nach links in die Hanselaerer Straße lohnt die Besichtigung der **Stadtwindmühle** am Hanselaertor. Sie ist mit 27,5 Metern Kappenhöhe die größte Windmühle am Niederrhein. Nach ihrer Restaurierung 1995/1996 wird hier heute wieder Korn gemahlen und in einer eigenen kleinen Brauerei auch Bier gebraut. In der ehemaligen Scheune lädt eine Gaststätte zur Stärkung ein.

Sieben-Schmerzen-Altar in der St. Nicolai-Kirche in Kalkar

Zu den bedeutendsten Sehenswürdigkeiten des Niederrheins gehören die Altäre der **4 St. Nicolai-Kirche** westlich des Marktes an der Altkalkarer Straße. Die zwischen 1409 und 1450 erbaute, dreischiffige gotische Hallenkirche ist eine Schatzkammer mittelalterlicher Kunst. Das Innere wird beherrscht durch den Marienleuchter aus Eichenholz mit der Darstellung des Stammbaumes Jesu. Der sogenannte Schmerzensaltar des Heinrich Douvermann in der südlichen Chorkapelle gehört mit der Kreuzigungsgruppe im nördlichen Seitenchor und der Maria Magdalena des Dreifaltigkeitsaltars zu den bedeutendsten Zeugnissen der deutschen Holzschnitzkunst des ausgehenden Mittelalters und der Renaissance. Ein halbes Jahrhundert, von 1490 bis 1540, arbeiteten in Kalkar so bedeutende Holzschnitzer wie Meister Arnt von Tricht, Heinrich Douvermann, Arnt van Zwolle, Derick Baegert und H. Bernts in Kalkar. Bis zum Beginn des 19. Jahrhunderts standen in der Kirche 15 Altäre, die von den reichen Bruderschaften und Gilden gestiftet waren, sieben von ihnen sind von den Verkaufsaktionen in Notzeiten verschont geblieben. Die Kirche ist täglich von 14-16 Uhr geöffnet.

Sie radeln weiter über den ***Knotenpunkt*** *2 zur 18.*

In der Felderlandschaft hinter Kalkar passieren Sie den historischen **Rittersitz Haus Horst**, das heute als

Schloss Moyland

Seniorenheim genutzt wird. Nachmittags wird Radwanderern und Besuchern auf den Gartenterrassen selbstgebackener Kuchen angeboten.

*Am **Knotenpunkt** 18 erreichen Sie* 5 **Schloss Moyland**.

Die **Wasserburg** aus dem 15.-17. Jahrhundert gehörte von 1695 bis 1767 dem Kurfürsten von Brandenburg und den späteren Königen von Preußen und wurde zum bevorzugten niederrheinischen Landsitz der preußischen Königsfamilie. Im Januar 1692 erlebte auf Schloss Moyland Kurfürst Friedrich III. von Brandenburg Liebeswonnen mit der siebzehnjährigen Emmericher Gastwirtstochter Katharina Ryckers, die als „Schön-Kätchen von Emmerich" sowie als Gräfin Kolbe von Wartenberg in die Geschichte einging. Im Jahre 1740 begegneten sich hier der junge Preußenkönig Friedrich II. und der französische Philosoph Voltaire. Im 19. Jahrhundert im Stil der englischen Tudor-Gotik umgebaut, wurde das Schloss nach dem Einmarsch der Alliierten 1945 durch Vandalismus zerstört. Dabei ging auch eine bedeutende Gemäldesammlung mit Werken von Rubens, van Dyck, Frans Hals, Jan Breughel und anderen Niederländern in den Flammen auf.

Zwischen 1987 und 1997 wurde das Schloss umfassend restauriert. Das Innere wurde dabei völlig neugestaltet und für eine museale Präsentation optimiert. Heute wird dort die Kunstsammlung der Brüder Hans und Franz Joseph van der Grinten gezeigt. Einen Schwerpunkt der Sammlung bilden fast 5.000 Arbei-

Reisemobilstellplätze an oder nahe der Route

Reisemobilpark Kleve
Landwehr 4, Kleve

Wohnmobilstellplatz Schenkenschanz
Martin-Schenk-Straße, Kleve

Reisemobilpark Kalkar
Waysche Straße 1-3, Kalkar

Womopark Moyland
Moyländer Allee 3a, Bedburg-Hau

ten von Joseph Beuys. Darüber hinaus werden im Joseph Beuys Archiv über 200.000 Archivalien und Dokumente zu Leben, Werk und Wirken des Künstlers aufbewahrt.

Das Schloss ist vom 1.4. bis 3.10. Di.–Fr. 11–18 Uhr und Sa. und So. 10–18 Uhr geöffnet. Im Winter wird bereits um 17 Uhr geschlossen. Montags ist von 11–17 Uhr nur die Parkanlage geöffnet.

*Sie fahren weiter zum **Knotenpunkt** 16.*

Der kleine **Herrensitz Haus Rosendal** wurde im Jahre 1532 errichtet. Ende des 18. Jahrhunderts weitgehend verfallen, wurde es nach 1797 ohne Turm wiedererrichtet.

Prinz-Moritz-Grabmal

*Über den **Knotenpunkt** 19 radeln Sie dann in Richtung **Knotenpunkt** 23.*

Wenn Sie nach links in die Uedem Straße lenken, finden Sie neben der Hotelpension Berg und Tal einen Hinweis auf das 6 **Prinz-Moritz-Grabmal**. Dieses Grabmal errichtete Fürst Johann Moritz von Nassau-Siegen (1604-1679) bereits zu Lebzeiten für sich selbst. Die römischen Antiken, die im Klever Land gefunden und ursprünglich im Grab eingebaut waren, befinden sich heute im Rheinischen Landesmuseum in Bonn. Sie wurden durch Kopien ersetzt, ebenso wie die eingemauerten antiken Gefäße und die gusseisernen Vasen aus dem 17. Jahrhundert, die die Pfeiler bekrönen. Der kurbrandenburgische Statthalter hatte in Kleve residiert und dort eine Gartenlandschaft mit Kanälen, Alleen, Brunnen, Aussichtshügeln und Statuen geschaffen.

*Über die **Knotenpunkte** 23 und 24 zur 22 führt die Strecke wieder zu Ihrem Ausgangspunkt am Bahnhof Kleve zurück.*

Schon weit aus der Ferne ist die 1 **Schwanenburg** zu erkennen. Die steile Lage auf dem „Kliff" hat der Stadt den Namen gegeben: Kleve.

E-Bike Ladestationen an oder nahe der Route

Café Bistro Königsgarten
Königsgarten 52, Kleve
Draisinenbahnhof Kleve
Wiesenstraße, Kleve
Stadtwindmühle Kalkar
Mühlerstege 8, Kalkar
Kalkarer Markt
Markt, Kalkar
Infocenter Moyland
Am Schloss 5, Bedburg-Hau
Italienisches Eiscafé und Pizzeria Pirrello
Klosterplatz 16, Bedburg-Hau

Rheinpromenade
Emmerich

AN ALTRHEINARMEN

Rundtour von Emmerich über Grieth, Rees und Bienen

Die mühelos zu befahrende Tour verbindet schöne Etappen der Stromlandschaft mit Ausblicken auf die naturgeschützten Altrheinarme. Bei dieser Tour nutzen Sie die kleine Rheinfähre zwischen Grieth und Grietherort. Außerhalb der Fährzeiten ist der Weg am Südufer des Rheins über die Rheinbrücke in Rees erforderlich.

Was erwartet mich?

46,4 km, eine landschaftlich reizvolle Tour überwiegend auf asphaltierten oder naturbelassenen Wirtschaftswegen mit schönen Ausblicken auf den Fluss und die Altrheinarme. Für die Fähre sind die Fährzeiten zu beachten!

Wie komm' ich hin?

ÖPNV:
S-Bahnhof Emmerich

Mit dem Auto:
A 3 Ausfahrt Emmerich, dort Reeser Straße

Was muss ich sehen?

1 **Rheinpromenaden** in Emmerich
2 **Grietherorter Altrhein**
3 **Rheinpromenaden** in Rees
4 **Reste der Festungsanlagen** in Rees
5 **Bienener Altrhein**
6 **Rheinpromenaden** in Dornick

Wo tank' ich auf?

Hotel Rheinpromenade
Rheinpromenade 8, Emmerich am Rhein

De Deichgräf
Durchlaß 6, Kalkar

Inselgasthof Nass
Grietherort 1, Rees

Zu den 3 Linden Landhaus
Reeser Str. 545, Emmerich am Rhein-Praest

Dorfschänke
Dornicker Str. 7, Emmerich am Rhein-Dornick

Kartentipp: **ADFC Regionalkarte Niederrhein Nord**

TOURSTART

Der S-Bahnhof in Emmerich verfügt über Aufzüge. Sie brauchen Ihr E-Bike daher keine Treppen hinauf oder herunter zu tragen.

Sie starten am S-Bahnhof und radeln Richtung Hafen über den ***Knotenpunkt*** *1 zur 3.*

Emmerich, die alte Handelsstadt an der niederländischen Grenze wurde bereits 828 als Villa Embrici urkundlich erwähnt. 1233 erhielt sie Stadtrechte und gehörte ab Ende des 14. Jahrhunderts der Hanse an.

Vor allem der Rheinhandel verhalf der Stadt zu Reichtum. Von der Zerstörung im Zweiten Weltkrieg blieben außer der Propsteikirche St. Martini nur wenige Häuser verschont.

Rheinpromenade mit Pegelhaus, Emmerich

Die mehr als einen Kilometer lange [1] **Rheinpromenade** lädt mit ihren zahlreichen Restaurants und Cafés zum Verweilen ein. Am Ende der Promenade steht das Pegelhäuschen, ein kleines Häuschen mit einer großen Uhr, die den Emmericher Rheinpegel anzeigt. Die Uhr ist so groß, dass sie von den vorbeifahrenden Schiffen aus gelesen werden kann.

Die **Kirche St. Martini** wurde 1040 vom hl. Willibrord, dem Erzbischof von Utrecht errichtet. Nach Einstürzen im 13. und 14. Jahrhundert wurde das Langhaus um 1500 völlig verändert. Zu den Schätzen der Kirche gehören u.a. das Chorgestühl, 1486 in der Werkstatt des Meister Arndt geschaffen, das trotz der Zerstörungen im Zweiten Weltkrieg noch zur Hälfte erhalten blieb; die Arche des hl. Willibrord, ein prachtvoller Reliquienschrein aus dem Jahre 1040 mit Ergänzungen aus dem 15. Jahrhundert sowie der Kalvarienberg, eine klevisch-geldrische Arbeit aus den Jahren 1420-30.

Das **Rheinmuseum** am Martinikirchgang 2 zeigt anhand von mehr als 150 Schiffsmodellen die Entwicklung der Rheinschifffahrt. Zahlreiches Schiffszubehör, darunter Anker, Glocken und Schiffslampen runden das Angebot ab.

Sie radeln links über die Rheinbrücke, von der sich ein schönes Panorama in Richtung Rees und Kalkar bietet, zum ***Knotenpunkt*** *12.*

Der Poortekerl am Rheinufer in Emmerich

Die **Emmericher Rheinbrücke**, die in einer Höhe von etwa 30 Metern den Rhein überspannt, ist mit einer Länge von 803 Metern die längste Hängebrücke Deutschlands. Das Ufer gegenüber der Stadt wurde in früheren Zeiten als „Hurendeich" bezeichnet. Heute reizen dort ausschließlich die Rheinlandschaft und das Panorama des gegenüberliegenden Emmerich.

Rheinaufwärts geht es zum ***Knotenpunkt*** *48.*

Am Griether Markt lädt ein kleines **Heimatmuseum** zur Besichtigung ein. Schwerpunkte der Ausstellung sind der Fischfang und die Schifffahrt, die ehemals bedeutendsten Erwerbsquellen der Griether Bevölkerung.

Noch auf dem linken Rheinufer sehen Sie vor sich das Ungetüm der **Ruine des „Schnellen Brüters"**. Das ehemalige Atomkraftwerk wurde trotz heftiger Proteste 1985 fertiggestellt, aber nie in Betrieb genommen. 1991 wurde das 7 Milliarden DM teure Projekt wegen sicherheitspolitischer und politischer Bedenken eingestellt. Ausgleichszahlungen des Landes Nordrhein-Westfalen für die betroffene Region flossen vor allem in die Entwicklung des Radwandertourismus durch die Niederrhein-Route, die 1994 eröffnet wurde.

In der Ruine des „Schnellen Brüters", dessen Abriss 75 Millionen Euro gekostet hätte, wurde von einem niederländischen Investor ein Freizeitpark errichtet, bis 2005 unter der Bezeichnung „Kernwasser Wunderland", später „**Wunderland Kalkar**".

Fähre in Griet

Von Grieth nach Grietherort bringt Sie die Fähre „Inseltreue" über den Rhein. Sie verkehrt Mittwoch, Freitag, Samstag, Sonntag und an Feiertagen von 10 bis 19 Uhr. Außerhalb der Fährzeiten ist der Weg am Südufer des Rheins über die Rheinbrücke in Rees erforderlich.

Der dünn besiedelte Ortsteil Grietherort liegt auf einer Insel, die 1819 durch einen Durchstich des Rheins geschaffen wurde. Damals wurde der frühere Hauptstrom zum Grietherorter Altrhein und der Griether Kanal zum Hauptstrom.

Bienener Altrhein

Hinter dem Ort überqueren Sie rechts den **Grietherorter Altrhein**. *Vor der Kirche lenken Sie nach rechts in Richtung Rheinbrücke und fahren immer geradeaus über die Straßen Reeserward und Wardstraße nach Rees.*

Der 2 **Grietherorter Altrhein** hat ausgedehnte Flachufer und eine artenreiche Vogelwelt. 2016 wurden hier 75 Brutvogelarten erfasst, darunter vom Aussterben bedrohte oder stark gefährdete Arten wie Rotschenkel, Gartenrotschwanz, Großer Brachvogel, Rebhuhn und Wiesenpieper.

Die Radroute verläuft in Rees nicht über die ausgesprochen schöne 3 **Rheinpromenade**, die den Spaziergängern vorbehalten bleibt. Wer sie für eine Rast aufsuchen will, halte sich bei den Ausflugslokalen rechts.

Auf Ihrem Weg passieren Sie 4 **Reste der alten Festungsmauer**, die sich in der Gräfte spiegeln und den Marktplatz mit dem **Koenraad-Bosman-Museum**, das Ausstellungen zur Stadtgeschichte und Kunst zeigt. Unter dem Museumsgebäude befindet sich eine zugängliche, um 1500 erbaute Kasematte für leichtere Geschütze. Ausführliche Informationen zur Stadt finden Sie im **Ortsporträt Rees** (s. S. 42)

*Über den Westring, links Grüttweg verlassen wir Rees, fahren durch Esserden (links, rechts) und erreichen vor dem **Knotenpunkt** 84 die Mühle Rosau am **Bienener Altrhein**.*

Diese **Mühle** diente einst als Wehrturm und war rund 100 Jahre lang Amtssitz des Drosten der Grafen von Kleve. Später wurde der Turm zur Windmühle umgebaut und als solche bis zum 18. Jahrhundert genutzt. Heute ist die Ruine des Turms ein Baudenkmal.

Auch der 5 **Bienener Altrhein** zählt zu den letzten Altrheinsystemen des Niederrheins. Das nährstoffreiche Stillgewässer wird von ausgedehnten Schwimmblattpflanzen bedeckt, die Ufer von Röhricht bewachsen. Im **Naturschutzgebiet** brütet die einzige Trauerseeschwalbenkolonie Nordwestdeutschlands. Anfang der 1990er Jahre war diese Vogelart auch am Bienener Altrhein verschwunden. Mit Hilfe eines Artenschutzprojektes gelang es, sie wieder anzusiedeln. Auch für weitere Vogelarten und auch seltene Fischarten sind die naturnahen Altgewässer ein wichtiger Lebensraum.

Kirche in Praest

*Sie radeln weiter zum **Knotenpunkt** 79 in Bienen.*

Im Reeser Ortsteil Bienen informiert das Naturschutzzentrum im denkmalgeschützten Haus Weegh über das Naturschutzgebiet Bienener Altrhein.

Die katholische **Pfarrkirche St. Cosmas und Damian** entstand in mehreren Bauabschnitten. Die Untergeschosse des Westturms stammen aus dem 12. Jahrhundert. Über dem Portal im nördlichen Seitenschiff findet sich die Jahreszahl 1514. Im Innern sind drei niederrheinische Holzskulpturen von Ende des 15. / Anfang des 16. Jahrhunderts sehenswert. Die Kirchenfenster wurden 1990/91 geschaffen.

*Vom **Knoten** 79 radeln Sie über den Rheinradweg bzw. die NiederrheinRoute zum **Knotenpunkt** 11 in Praest.*

Sie passieren das **Wasserschloss Hueth**, von dem nach Zerstörungen vor dem Rheinübergang der Alliierten Ende März 1945 nur der Nordflügel der Vorburg und ein Wehrturm erhalten blieb. Mittlerweile sind dort Ferienwohnungen eingerichtet.

Die schöne Landschaft, die Sie durchradeln, wird hin und wieder von Pappelreihen und Weiden durchzogen.

Reisemobilstellplätze an oder nahe der Route

Wohnmobilstellplatz an der Rheinpromenade
Kleiner Wall,
Emmerich am Rhein
Wohnmobilstellplatz am Yachthafen
Fackeldeystraße 15,
Emmerich am Rhein
Wohnmobilstellplatz Ebentalstraße
Ebentalstraße 9, Rees

Schloss Hueth

*Die Route führt links weiter über den **Knotenpunkt** 78 durch Dornick zur 9.*

In **Dornick** genießen Sie auf der 6 **Promenade** eine prächtige Aussicht auf den Rhein und die vorbeiziehenden Schiffe, nach links weit in die offene Felder-Landschaft und nach rechts auf Emmerich und die markante Rheinbrücke.

Die Niederrhein Destille, eine kleine Obstbrennerei in der Dorfstraße, lädt von Donnerstag bis Samstag zur Besichtigung ihrer Anlagen und zur Verkostung ihrer Destillate ein.

An der Reeser Straße biegen Sie links ab und erreichen kurz darauf den Bahnhof in Emmerich, Ihren Ausgangspunkt.

An der Reeser Straße 94 lädt das **Museum für Kaffeetechnik** zur Besichtigung ein. Der Emmericher Rostmaschinenhersteller Probat zeigt hier auf seinem Werksgelände die Entwicklung der Kaffeetechnik seit Mitte des 19. Jahrhunderts.

E-Bike Ladestationen an oder nahe der Route

infoCenterEmmerich
Rheinpromenade 27,
Emmerich am Rhein

Atlanta Hotel Rheinpark
Vor dem Rheintor 15, Rees

Marktplatz Rees
Marktplatz 1, Rees

Dorfplatz Esserden
Alte Schulstr., Rees

Bürgerhaus Bienen
Grietherbuscher Str. 2, Rees

Dorfschänke Dornick
Dornicker Straße 7,
Emmerich am Rhein

Niederrhein Destille Dornick
Dorfstraße 59,
Emmerich am Rhein

REES

Die älteste Stadt am unteren Niederrhein erhielt im Jahr 700 die erste Kirche und am 14. Juli 1228 vom damaligen Kölner Erzbischof die Stadtrechte. Zwischen 1289/90 und 1350 wurde die massive Stadtmauer gebaut.

Stadtbefestigung nahe dem Rheinufer

Rheinpromenade

Während des Spanisch-Niederländischen Krieges (1568 bis 1648) eroberte 1598 ein spanisches Söldnerheer die Stadt. Nach dem Tode des letzten Klever Herzogs fiel Rees im Jahr 1614 an Brandenburg-Preußen. Zwischen 1616 bis 1625 errichteten die Niederländer die **Festung Rees** nach holländischem Vorbild.

1672 wurde die Stadt aber von den Franzosen unter Marschall Turenne erobert und 1674 von den Brandenburgern, die daraufhin die Festungswerke schleiften. Bei einem großen Luftangriff am 16. Februar 1945 wurde die Stadt fast vollständig zerstört.

Sehenswert in Rees ist die **Rheinpromenade**, an der mehrere Bronzestatuen aufgestellt sind. Von hier aus hat man einen schönen Blick auf die Flusslandschaft und die vorbeiziehenden Schiffe. In der Nähe des Rheins sind noch Teile der ehemaligen Stadtbefestigungsanlagen erhalten.

Das **Koenraad-Bosman-Museum** bietet Ausstellungen zur Stadtgeschichte und Kunst. Unter dem

Gebäude ist eine um 1500 erbaute Kasematte für leichtere Geschütze zu besichtigen.

Der **Marktplatz** von Rees ist einer der größten der Region. Im Ortskern befinden sich noch viele Pumpen und kleine Brunnen.

Die **Kirche St. Mariä Himmelfahrt** unweit des Marktes ist ein seltenes Beispiel klassizistischer Kirchenarchitektur am Niederrhein, sowohl vom äußeren Erscheinungsbild her als auch von der Innengestaltung. Im Zweiten Weltkrieg wurde die Kirche bis auf die Außenmauern zerstört. Ihr Wiederaufbau dauerte bis 1970.

Die **Mühle Rosau** am Bienener Altrhein diente einst als Wehrturm und über hundert Jahre als Amtssitz des Drosten der Grafen von Kleve. Später wurde der Turm als Windmühle genutzt. Heute ist der Turm eine Ruine, Dachhaube und Flügel fehlen.

Kirche St. Mariä Himmelfahrt

Der **Bienener Altrhein** ist eines der letzten Altrheinsysteme des Niederrheins. Das heute von Seerosen bestandene Gewässer, auf dem allerlei Entenarten nach Nahrung suchen, wurde im 16. Jahrhundert vom Rhein abgetrennt. Mit der Zeit verlandete das ursprünglich fünf Meter tiefe Flussbett. Der vom Deich aus sichtbare, knapp zwei Kilometer lange Altrheinabschnitt an der Rosau zählt zu den wenigen größeren, offenen Wasserflächen. Das Naturschutzgebiet mit seltenen Vogelarten, wie Trauerseeschwalbe, Rohrdommel oder Baumfalke, einem reichen Fischbestand, Krebsen, Muscheln und Insekten ist eines der wenigen Überbleibsel ursprünglicher Niederrhein-Landschaft.

Auch der **Grietherorter Altrhein** gehört zum Stadtgebiet von Rees. Der Ortsteil Grietherort liegt auf einer Insel, die 1819 durch einen Durchstich des Rheins künstlich geschaffen wurde.

Schloss Anholt
in Isselburg

Tour 4 Länge 46 km

ZUM SCHLOSS ANHOLT INS MÜNSTERLAND

Rundtour von Rees-Millingen über Isselburg und Rees

Die landschaftlich reizvolle Tour führt in die Anholter Schweiz und zum Schloss Anholt sowie über einige Kilometer entlang der Bocholter Aa nördlich von Isselburg, die die Grenze zu den Niederlanden bildet. Die alte Festungsstadt Rees bietet weitere interessante Besichtigungsmöglichkeiten.

Was erwartet mich?

45,7 km, eine ebene Tour überwiegend auf asphaltierten Wirtschaftswegen.

Wie komm' ich hin?

ÖPNV:
Bahnhof Rees-Millingen
Mit dem Auto: A 3 Ausfahrt Bocholt / Rees, B 67 Richtung Rees, in Heelden nach rechts in Richtung Millingen

Was muss ich sehen?

1 **Anholter Schweiz** in Isselburg-Anholt
2 **Schloss Anholt** in Isselburg-Anholt
3 **Rheinpromenade** und **Festungsmauern** in Rees
4 **Altrhein** in Bienen

Wo tank' ich auf?

Restaurant Wasserpavillon im Romantik Parkhotel Wasserburg Anholt
Schloß 1, Isselburg
Hotel Restaurant Brüggenhütte
Hahnerfeld 23, Isselburg
Rheinterrassen Rees
Wasserstraße 2, Rees

Kartentipp: **ADFC Regionalkarte Niederrhein Nord**

TOURSTART

Sie starten am Bahnhof in Rees-Millingen. Der Bahnsteig ist ebenerdig und daher stufenlos erreichbar. Sie brauchen Ihr E-Bike keine Treppen hinauf oder herunter zu tragen.

*Vom Bahnhof radeln Sie zum **Knotenpunkt** 30 in Vehlingen.*

Schon von weitem sichtbar ist die 1847 erbaute **Turmwindmühle**, eine sogenannte „Erdholländermühle", die auf einem Erdhügel steht. Im zweiten Weltkrieg wurde ein Teil des Außenmauerwerks zerstört, Mühlenkappe und die Flügel verbrannten. 1950 wurde die Mühle mit einem halbkreisförmigen Anbau versehen, der als Futtermittellager diente. Nach aufwändigen Restaurierungsarbeiten ab den 1990er Jahren und mit neuen Flügeln wird die Mühle heute privat bewohnt.

Vehlinger Mühle

*Die Tour führt weiter zum **Knotenpunkt** 19.*

Hier lockt ein kleiner Abstecher in die 1 **„Anholter Schweiz"**. Der Landschaftspark im englischen Stil wurde im Auftrag von Fürst Leopold zu Salm-Salm Ende des 19. Jahrhunderts geschaffen. In der Mitte eines künstlichen Sees wurde eine Insel angelegt, auf dem ein „Schweizer Häuschen" steht, das den Fürsten zu Salm-Salm und seine Frau an ihre Hochzeitsreise erinnern sollte. Die Planung und Bauteile des Chalets, darunter Metallbeschläge, Türen, Fensterrahmen und Balkongeländer stammen aus Interlaken in der Schweiz. Aufwändig wurden in der flachen Landschaft Hügel angeschüttet und Felsformationen nachgebildet, die die Bergwelt am Vierwaldstättersee nachahmen sollten.

Im angrenzenden **Biotopwildpark** leben rund 50 Tierarten in sieben Biotopen mit großen, tiergerechten Gehegen und Volieren mit artgerechter Haltung. Auf sechs Kilometer gut begehbaren Wegen lässt sich der Wildpark erkunden.

Sie fahren nun vom ***Knotenpunkt*** *19 zum* ***Punkt*** *43.*

Anholter Schweiz

[2] **Schloss Anholt** ist eines der bedeutendsten Wasserschlösser des Münsterlandes. Seine Gräfte wird von der Issel gespeist. Die Ursprünge der Anlage reichen bis ins 12. Jahrhundert zurück. Aus dieser Zeit stammen noch der runde Bergfried, ein kleines Wohnhaus und ein Mauerring. Im 14. Jahrhundert wurde die damalige Wehrburg erheblich erweitert.

Als Fundament wurden Pfähle aus Eichenholz in den morastigen Untergrund getrieben. Nach einem weiteren Ausbau im 16. Jahrhundert wurde die Anlage zu einer repräsentativen Barockresidenz umgestaltet.

Obwohl das Schloss als Privatbesitz von der Fürstenfamilie zu Salm-Salm bewohnt wird, sind ein Museum im Schloss sowie die Parkanlagen gegen ein Eintrittsgeld zu besichtigen. Darüber hinaus beherbergt das Schloss ein Hotel mit Restaurant und einen Golfclub.

Wasserschloss Anholt

Rheinansicht auf Rees

Das Museum zeigt das höfische Leben und Wohnkultur auf Schloss Anholt, eine historische Waffenkammer, sowie eine umfangreiche Porzellansammlung. Die Gemäldesammlung umfasst herausragende Arbeiten niederländischer Maler des 17. Jh., darunter „Das Bad der Diana mit Aktäon und Kallisto" von Rembrandt aus dem Jahr 1634. Auch deutsche, spanische und italienische Maler sind vertreten.

*Über die **Knotenpunkte** 44, 65 und 66 radeln Sie weiter an die Bocholter Aa.*

Die Bocholter Aa ist ein Nebenfluss der Issel, der hier die Grenze zu den Niederlanden bildet und dort als Aa-Strang bezeichnet wird.

*Die landschaftlich schöne Etappe entlang der Bocholter Aa führt zum **Knotenpunkt** 41 und anschließend zu den **Punkten** 42 und 62 in Isselburg.*

Im historischen Ortskern sind ein Wehrturm aus dem 15. Jahrhundert und das Rathaus aus dem 16. Jahrhundert sehenswert.

*Uber den **Knotenpunkt** 49 gelangen Sie geradeaus auf der NiederrheinRoute weiter zum **Knotenpunkt** 20 in Werth.*

Das ehemalige Rathaus wurde vermutlich im 16. Jahrhundert als zweigeschossiges Torhaus der Burg Werth errichtet. Ab 1768 ist es als Rathaus urkundlich erwähnt.

Die **Turmwindmühle** am Ortsrand nahe der Issel stammt ursprünglich aus dem Jahr 1498 und war zugleich als Wehrturm Bestandteil der Festungsanlage der Stadt Werth. Im 16. Jahrhundert wurde sie zur Getreidemühle umgebaut und besitzt ein fast vollständig erhaltenes Antriebs- und Mahlwerk von 1554. Der aus Ziegeln gemauert, konische Windmühlenturm

Rheinpromenade in Rees

verfügt über sechs Böden mit einer Kappenhöhe von circa 23 Metern. Angetrieben wurde die Windmühle mit Segelgatterflügeln, anfänglich bei Windstille auch mit einem Wasserrad. 1935 wurde ein Diesel- und später ein Elektromotor eingebaut, bevor 1964 der Mahlbetrieb eingestellt wurde. Heute wird die Mühle vom Heimatverein verwaltet, der auch Besichtigungen anbietet.

*Am **Knoten** 20 biegen Sie mit der NiederrheinRoute rechts ab und fahren weiter durch das Naturschutzgebiet Isselniederung, queren die Autobahn A3 auf dem Kapellenweg, geradeaus Isselburger Straße, links Horstkampstraße, am Ende rechts und mit der Beschilderung zum **Knotenpunkt** 81 in Haldern.*

Kurz vor Haldern passieren Sie rechts den **Battenbergturm**, einen spätmittelalterlichen Wohnturm aus dem 16. Jahrhundert. Der elf Meter hohe Turm ist zweigeschossig aus Backsteinen erbaut. In die östliche Außenmauer ist eine Figur aus glasierten Ziegeln eingelassen.

*Nach rechts geht es auf der Bahnhofstraße aus dem Ort heraus und zum **Knotenpunkt** 82.*

Am Reeser Altrhein lassen sich bedrohte Vogelarten beobachten, darunter Trauerseeschwalben und Wachteln, sowie Löffelente, Knäkente und Kiebitz. Das Gewässer ist darüber hinaus Überwinterungslebensraum zahlreicher anderer Wasservogelarten. Eine botanische Besonderheit ist die seltene Schwanenblume, die am Reeser Altrhein ungewöhnlich große Bestände besitzt.

*Sie radeln weiter zum **Knotenpunkt** 56 in Rees.*

Die Radroute verläuft in **Rees** nicht über die ausgesprochen schöne 3 **Rheinpromenade**, die den Spaziergängern vorbehalten bleibt.

Unterwegs passieren Sie auf der Radroute in Richtung **Knotenpunkt** 84 Reste der alten **Festungsmauer**,

Reisemobilstellplätze an oder nahe der Route

Wohnmobilstellplatz Anholter Schweiz
Pferdehorster Straße 1, Isselburg

Wohnmobilstellplatz am Hotel Brüggenhütte
Hahnerfeld 23, Isselburg

Wohnmobilstellplatz am Stadtturm
Münsterdeich 6, Isselburg

Wohnmobilstellplatz Ebentalstraße
Ebentalstraße 9, Rees

die sich in der Gräfte spiegeln und den Marktplatz mit dem **Koenraad-Bosman-Museum**, das Ausstellungen zur Stadtgeschichte und Kunst zeigt. Unter dem Museumsgebäude befindet sich eine zugängliche, um 1500 erbaute Kasematte für leichtere Geschütze. Ausführliche Informationen zur Stadt finden Sie im **Ortsporträt Rees** (s. S. 42).

Über den Westring und links Grüttweg verlassen Sie Rees und fahren zum ***Knotenpunkt*** *84.*

Bevor Sie den Knoten erreichen, treffen Sie auf die Mühle Rosau. Sie diente einst als Wehrturm und war rund 100 Jahre lang Amtssitz des Drosten der Grafen von Kleve. Später wurde der Turm zur Windmühle umgebaut und als solche bis zum 18. Jahrhundert genutzt. Heute ist der Turm als Ruine ein Baudenkmal.

Auch der 4 **Bienener Altrhein** zählt zu den letzten Altrheinsystemen des Niederrheins. Das nährstoffreiche Stillgewässer wird von ausgedehnten Schwimmblattpflanzen bedeckt, die Ufer von Röhricht bewachsen.

Im **Naturschutzgebiet** brütet die einzige Trauerseeschwalbenkolonie Nordwestdeutschlands. Anfang der 1990er Jahre war diese Vogelart auch am Bienener Altrhein verschwunden.

Mit Hilfe eines Artenschutzprojektes gelang es, sie wieder anzusiedeln. Auch für weitere Vogelarten und auch seltene Fischarten sind die naturnahen Altgewässer ein wichtiger Lebensraum.

Weiter geht's zum ***Knotenpunkt*** *79 in Bienen.*

Dort informiert das **Naturschutzzentrum** im denkmalgeschützten Haus Weegh über das Naturschutzgebiet Bienener Altrhein.

Die **katholische Pfarrkirche St. Cosmas und Damian** entstand in mehreren Bauabschnitten. Die Untergeschosse des Westturms stammen aus dem 12. Jahrhundert. Über dem Portal im nördlichen Seitenschiff findet sich die Jahreszahl 1514. Im Inneren sind drei niederrheinische Holzskulpturen von Ende des 15. /Anfang des 16. Jahrhunderts sehenswert. Die Kirchenfenster wurden 1990/91 geschaffen.

Sie radeln weiter zum ***Knotenpunkt*** *83 in Millingen und zurück zum Bahnhof, Ihrem Ausgangspunkt.*

Bienener Altrhein

E-Bike Ladestationen an oder nahe der Route

Rastplatz am Knotenpunkt 62
Drengfurter Straße/Münsterdeich, Isselburg

Hotel Lindenhof
Isselburgerstr. 3, Rees-Haldern

Atlanta Hotel Rheinpark
Vor dem Rheintor 15, Rees

Marktplatz Rees
Marktplatz 1, Rees

Dorfplatz Esserden
Alte Schulstr., Rees

Bürgerhaus Bienen
Grietherbuscher Str. 2, Rees

Im Reichswald

Tour 5 Länge 49 km

DURCH DEN REICHSWALD

Rundtour von Goch über Kessel und Groesbeek

Die Landschaft am Niederrhein ist überwiegend flach. Diese Tour durch den Reichswald führt Sie zu einigen Steigungsstrecken des Niederrheinischen Höhenzuges und zum Gipfel des 88 Meter hohen Geldenbergs. In der Sommerhitze lockt das große Waldgebiet auch wegen seines Schattenreichtums.

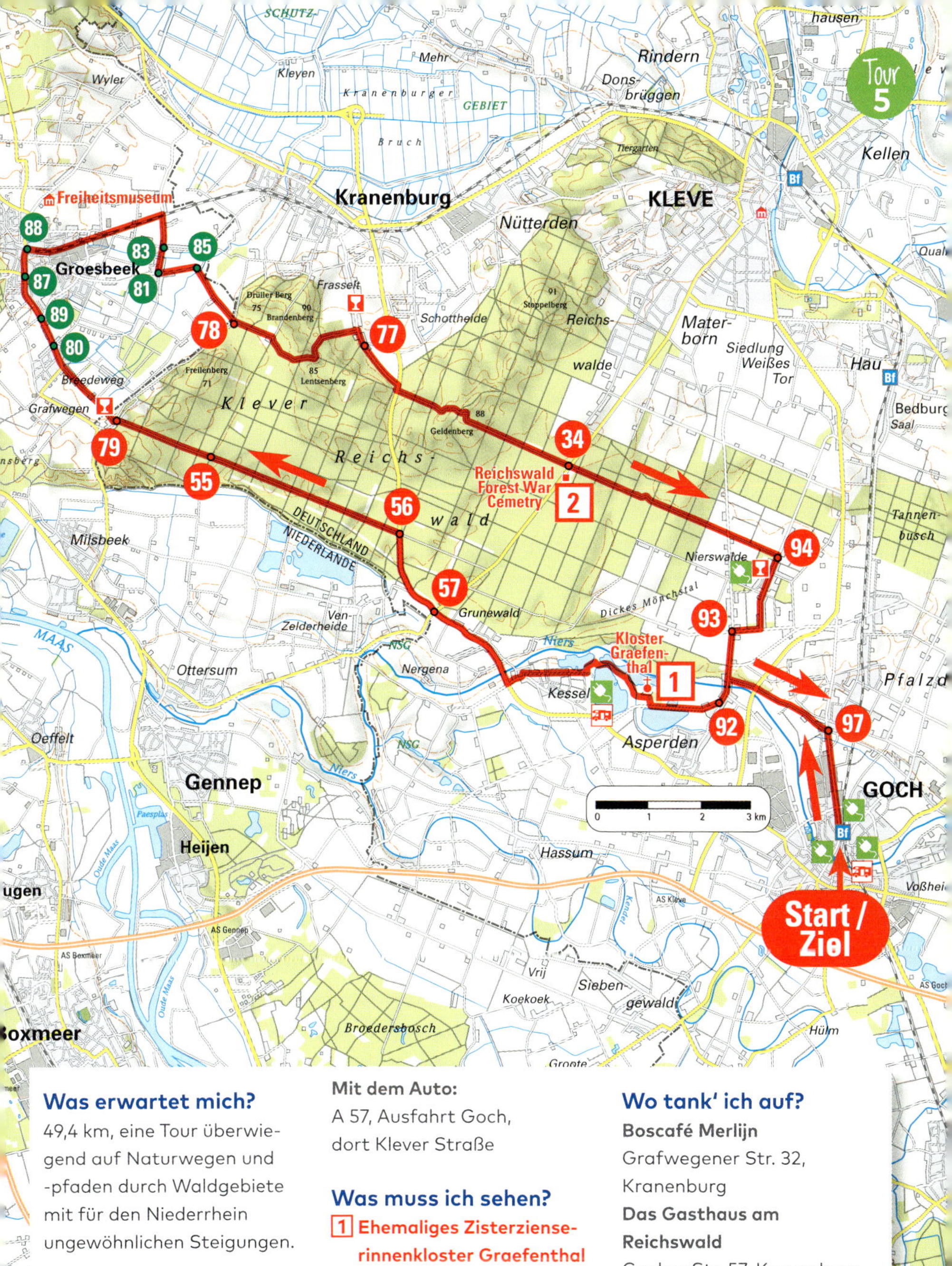

Was erwartet mich?

49,4 km, eine Tour überwiegend auf Naturwegen und -pfaden durch Waldgebiete mit für den Niederrhein ungewöhnlichen Steigungen.

Wie komm' ich hin?

ÖPNV:
Goch, Bahnhof

Mit dem Auto:
A 57, Ausfahrt Goch, dort Klever Straße

Was muss ich sehen?

1. **Ehemaliges Zisterzienserinnenkloster Graefenthal**
2. **„Reichswald Forest War Cemetery"**, der größte Kriegsgräberfriedhof des Commonwealth in Deutschland

Wo tank' ich auf?

Boscafé Merlijn
Grafwegener Str. 32, Kranenburg
Das Gasthaus am Reichswald
Gocher Str. 57, Kranenburg
Nierswalder Landhaus
Dorfstraße 2, Goch

Kartentipp: **ADFC Regionalkarte Niederrhein Nord**

TOURSTART

Sie starten in Goch am Bahnhof. Der Bahnsteig ist ebenerdig und daher stufenlos erreichbar. Sie brauchen Ihr E-Bike keine Treppen hinauf oder herunter zu tragen.

Vom Bahnhof radeln Sie über die Klever Straße zum Stadtrand am ***Knotenpunkt*** *97, dort nach links in Richtung* ***Knotenpunkt*** *92 und bald darauf rechts zur 57.*

Kreuzgang im Kloster Graefenthal

Sie passieren das ehemalige 1 **Zisterzienserinnenkloster Graefenthal**, in dem zwischen 1251 bis 1376 zehn Grafen, Gräfinnen und Herzöge von Geldern begraben wurden. Das Kloster wurde 1248 als Jungfrauenkonvent gegründet. Um 1280 lebten dort bereits 50 Laienschwestern und Ordensfrauen. Die Klosterfrauen waren unverheiratete Adelige, die auf diese Weise versorgt wurden. Das Kloster besaß durch Stiftungen und Vermächtnisse eine Vielzahl von Höfen, Mühlen, Acker-, Weide- und Heideland sowie Holzungen und Fischereien, von denen es Renten und Zehnte bezog. Die meisten Besitzungen des Klosters lagen in Asperden und Umgebung, bei Kessel und zwischen der rechten Maas- und der linken Rheinebene bei Nijmegen. Die Nonnen fungierten lediglich als Verwalterinnen der klösterlichen Besitzungen. Ihre Pächter lieferten notwendige Lebensmittel und Gebrauchsgegenstände oder zahlten den Klosterzehnten. 1802 wurde das Kloster unter Napoleon säkularisiert.

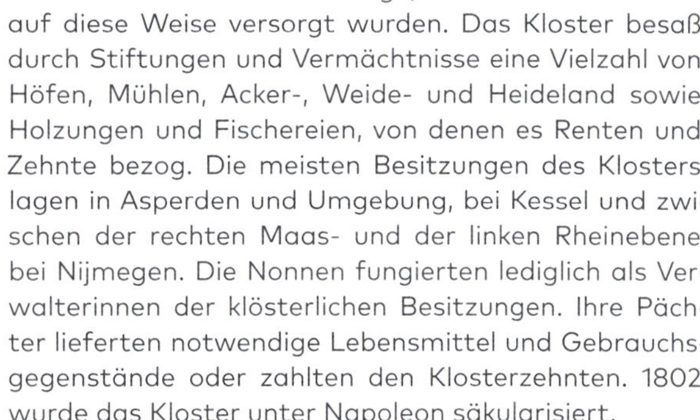

In der zweiten Hälfte des 20. Jahrhunderts und zu Beginn dieses Jahrhunderts wurden umfangreiche Restaurierungsarbeiten an allen Gebäuden des Klosterkomplexes durchgeführt. Die ursprüngliche Konstruktion aus dem 13. Jahrhundert ist noch an verschiedenen Stellen zu erkennen.

Der jetzige Eigentümer nutzt den Gebäudekomplex unter anderem für die Organisation von Veranstaltungen wie Oster- und Weihnachtsmärkten und mittelalterlichen Festen. Ein Klostercafé ist täglich auch für Radwanderer geöffnet.

In der Nähe des Klosters befand sich auf der rechten Seite der Niers in spätrömischer Zeit eine **Klein-**

Ehemaliges Kloster Graefenthal

festung. Münzfunde stammen aus dem Jahr 367, der Regierungszeit Kaiser Valentinians I., der bemüht war, die Grenze des Imperiums zu sichern und den Einfall germanischer Stämme abzuwehren.

Der nächste Ort Kessel beansprucht für sich, der **Geburtsort Kaiser Ottos III**. (980–1002) zu sein. Die lateinische Bezeichnung des Geburtsortes „in silva, quae Ketil vocatur" nennt den Ketil- oder Ketelwald, eine sehr alte Bezeichnung für den Klever Reichswald. Seit den 1960er Jahren ist Kessel für guten Spargel bekannt. Zahlreiche Spargel-Bauern mit Hofladen und die Restaurants locken im Frühjahr bis zum 24. Juni Feinschmecker ins Spargeldorf.

*Am **Knotenpunkt** 57 fahren Sie in den Reichswald, der Sie mit würziger Waldluft empfängt, und dann über die **Knotenpunkte** 56 und 55 nach Grafwegen (79).*

Dieser kleine Ort mit weniger als 100 Einwohnern, unmittelbar an der niederländischen Grenze gelegen, ist von deutscher Seite nur über zwei Straßen zu erreichen, von denen die eine, der Kartenspielerweg zwischen den **Knotenpunkten** 55 und 79 für den Autoverkehr gesperrt ist. Die zweite Straße führt unmittelbar an der Staatsgrenze entlang.

Der **Klever Reichswald** ist mit rund 51 Quadratkilometern Fläche das größte zusammenhängende Waldgebiet des Niederrheins. Es ist ein Laubmischwald mit einem dominierenden Rotbuchen-Bestand. Es finden sich aber auch Flächen mit Trauben- und Stieleichen. Als seltene und gefährdete Tierarten leben im Reichswald u.a. der Schwarzspecht, der Pirol, der Wespenbussard und der Hirschkäfer. Kaiser und Könige jagten seit der Zeit Karls des Großen, der in der Kaiserpfalz in Nijmegen Reichstage abhielt, in den früher riesigen, urwüchsigen Wäldern zwischen Rhein und Maas. Der Name Reichswald tauchte erst 1339 auf und gibt einen Hinweis auf die Zugehörigkeit des Waldes zum Reichsgut der Kaiserpfalz. Anfang des 15. Jahrhunderts gewannen die Herzöge von Kleve die Oberhoheit über den Reichswald. Bis zum Beginn des 19. Jahrhunderts wurden weite Teile des Waldes als Viehweide genutzt. Anschließend begann die „geordnete" Forstwirtschaft unter preußischer Verwaltung.

*Von Grafwegen radeln Sie zum niederländischen **Knotenpunkt** 80 und weiter über die **Knotenpunkte** 89 und 87 zum **Knotenpunkt** 88 in Groesbeek.*

Der kleine Ort ist wegen seiner in den Niederlanden seltenen hügeligen Waldlandschaft bei niederländischen Touristen sehr beliebt. Die **Protestantse Kerk**, die evangelische Kirche, war bis zur Reformation den hei-

ligen Cosmas und Damian geweiht, besitzt als ältesten Bauteil einen vorgesetzten Westturm aus dem 14. Jahrhundert mit einer Turmhaube aus dem späten 15. Jahrhundert. Der spätgotische Chor, der höher als das einschiffige Langhaus ist, wurde in der zweiten Hälfte des 15. Jahrhunderts errichtet.

Das Dorf Groesbeek spielte während des Zweiten Weltkriegs im Herbst 1944 bei der Operation Market Garden in Vorbereitung der Schlacht um Arnheim eine bedeutende Rolle. Damals landete die 82. US Luftlandedivision bei Groesbeek, um die Brücken über die Waal, die Maas und den Maas-Waal-Kanal zu erobern. In heftigen Kämpfen um die Groesbeek-Höhen wurde der Ort fast völlig zerstört.

Feld am Reichswaldrand südlich von Kranenburg

Im Klever Reichswald

Das „**Freiheitsmuseum**" nördlich der Stadt und damit nicht unmittelbar an der Radroute erinnert an diesen Kriegsschauplatz 1944 und ebenso an den im Frühjahr 1945 im angrenzenden Reichswald. Das historische Geschehen wird aus unterschiedlichen Perspektiven dokumentiert und differenziert präsentiert.

*Unsere Route führt weiter über die **Knotenpunkte** 83, 81 und 85 zu den deutschen **Knotenpunkten** 78 und 77.*

Zwischen den letzten beiden spüren Sie, dass der Reichswald auf dem Niederrheinischen Höhenzug liegt, der von eiszeitlichen Gletschern aufgeschoben wurde und dessen Erhebungen aus der flachen Rheinebene herausragen. Am Geldenberg heißt es womöglich etwas schnaufen, um auf die 87 Höhenmeter zu gelangen.

*Die nächste Zielmarke (**Knotenpunkt** 34) bildet der britische* 2 **„Reichswald Forest War Cemetery"**, *der größte Kriegsgräberfriedhof des Commonwealth in Deutschland.*

Reisemobilstellplätze an oder nahe der Route

Wohnmobilstellplatz am Friedensplatz
Thielenstraße 20,
Goch

Stellplatz am Goch Ness
Kranenburger Straße 20,
Goch

„Reichswald Forest War Cemetery", der größte Kriegsgräberfriedhof des Commonwealth in Deutschland

Vom 7. bis 22. Februar 1945 fand im Klever Reichswald eine der erbittertsten Schlachten auf deutschem Boden statt, bei der über 10.000 alliierte und deutsche Soldaten getötet wurden.

Die Schlacht bildete den Auftakt zum Vorstoß auf das Rheinufer, der bis zum 10. März 1945 abgeschlossen wurde. Am Niederrhein setzten anschließend britische und US-Truppen bei Wesel und Rees über den Fluss, um das Ruhrgebiet einzukesseln. Der **Reichswald Forest War Cemetery** birgt 7672 Grabstätten, darunter rund 4000 Besatzungsmitglieder von Kampfflugzeugen.

*Sie radeln weiter zum **Knotenpunkt** 94 in Nierswalde.*

Für diese Siedlung wurde 1948 ein Teil des Reichswaldes gerodet, um unter anderem Heimatvertriebene aus den ehemaligen Ostgebieten anzusiedeln. In Nierswalde fanden hauptsächlich Protestanten eine neue Heimat. Für Katholiken wurde mit Reichswalde südlich von Kleve ebenfalls eine Rodungssiedlung geschaffen.

*Über die **Knotenpunkte** 93 und 97 gelangen Sie zurück zu Ihrem Ausgangspunkt, dem Bahnhof in Goch.*

Die Stadt lohnt eine ausführliche Besichtigung, siehe **Ortsporträt Goch** (S. 60).

E-Bike Ladestationen an oder nahe der Route

Rathaus-Innenhof
Balfourweg, Goch

Euronics Thonnet
Bahnhofstraße 50, Goch

Stadtwerke Goch
Klever Straße 26-28, Goch

Friedensplatz
Thielenstraße 18, Goch

Intersport Matern
Auf dem Wall 7, Goch

GochNess
Kranenburger Straße 20, Goch

Nierswalder Landhaus
Dorfstraße 2, Goch

Orts-
portrait

GOCH

Die Stadt gehört zu den geschichtsträchtigen Orten am Niederrhein. Ursprünglich gehörte sie zum Herrschaftsgebiet der Grafen, später Herzöge, von Geldern.

1473 wurde sie dem Herzogtum Kleve eingegliedert und 1614 fiel sie mit Kleve an Brandenburg/Preußen. Allerdings wurde Goch schon 1615 von Niederländern erobert und von 1622 bis 1625 herrschten die Spanier in der Stadt. Zwischen 1757 bis 1763 war Goch von französischen Truppen besetzt und gehörte von 1795 bis 1815, unter Kaiser Napoleon, zu Frankreich. 1815 kam Goch mit dem gesamten Rheinland zu Preußen.

1741 wurden einige Pfälzer Familien, die ursprünglich nach Amerika auswandern wollten, in der Gocher Heide angesiedelt. Daraus entstand später das Dorf Pfalzdorf, eine pfälzische Sprachinsel.

Im Zuge der Schlacht im Reichswald, im Februar 1945, wurde Goch massiv bombardiert und es kam zu heftigen Gefechten mit Häuserkämpfen und Artillerieeinsatz. Dabei wurde die Stadt zu rund 80 Prozent zerstört.

Pfarrkirche
Maria-Magdalena

Die ältesten Teile der **Pfarrkirche St. Maria Magdalena**, das Mittel- und das Nordschiff, stammen aus der ersten Hälfte des 14. Jahrhunderts. Da die Stadt durch Tuchweberei zu Reichtum gelangte, wurde sie später erweitert. Anfang des 17. Jahrhunderts standen in der Kirche bis zu 17 Altäre, die im Jahre 1625 beim Bildersturm von Goch von Soldaten des Gouverneurs von Nijmegen, Lambert Charles, zerstört wurden. Fast die gesamte Inneneinrichtung wie Kanzel, Standbilder und Denkmäler wurden vernichtet. Erhalten geblieben sind bis heute das alte Sakramentshäuschen, der Taufstein aus dem Jahre 1516 und als einziges Bild „Madonna mit dem Kinde" aus dem 14. Jahrhundert, sowie ein Standbild des heiligen Ritters Georg. In der Nacht zum 24. Mai 1993 stürzte der 67 Meter hohe, zum Ende des 14. Jahrhunderts errichtete, Kirchturm in sich zusammen. Der Turm wurde 2003 durch einen Neubau ersetzt.

Susmühle

2005 wurde Goch durch den Bischof von Münster zum **Wallfahrtsort** erklärt. Zahlreiche Pilger besuchen seit der Heiligsprechung von Pater Arnold Janssen dessen Taufkirche St. Maria Magdalena, dessen Geburtshaus und die in den 1970er Jahren neu gegründete Arnold-Janssen-Pfarrei. Der 1837 in Goch geborene Arnold Janssen gründete den Orden der Steyler Missionare im niederländischen Steyl am Ufer der Maas. Sein Geburtshaus ist heute als Gedenkstätte und Museum eingerichtet.

Das **Haus zu den fünf Ringen** an der Steinstraße Nr. 1, nahe dem Marktplatz, wurde um 1550 als repräsentatives Patrizierhaus errichtet. In den Kellerräumen befand sich ab 1828 zunächst eine Weingroßhandlung, später wurde dort, bis kurz vor dem Zweiten Weltkrieg, niederrheinisches Altbier gebraut.

Haus zu den fünf Ringen

Das **Steintor**, ein Doppelturmtor blieb als einziges von früher vier Stadttoren erhalten. Im 14. Jahrhundert war die Stadt durch Wälle und Mauern gesichert. Das Steintor ist seit 1371 bezeugt.

Die **Susmühle**, eine ehemalige Wassermühle an der Niers nahe dem Steintor, wurde um 1700 errichtet. Lange Zeit wurde sie als Lohmühle zur Zerkleinerung der für die Lohgerberei notwendigen pflanzlichen Gerbmittel genutzt, später diente sie als Öl- und Kornmühle. Gegen Ende des 19. Jahrhunderts wurde sie zusätzlich mit einem Dampfantrieb ausgerüstet. Als jedoch 1932 im Zuge einer Flussbegradigung der Niers der Wasserspiegel um circa zwei Meter sank, musste die Mühle stillgelegt werden. Heute dient die Susmühle als Wohnhaus. Das historische Mühlrad aus Metall wurde restauriert.

Zu den historischen Bauwerken zählen auch das 1455 errichtete **„Arme Männerhaus"** und das 1504 erbaute **„Arme Frauenhaus"**, die beide von reichen Stiftern gegründet wurden und noch heute als Altenwohnsitz genutzt werden. Sie gehören zum Altenheim „Zu unserer lieben Frau".

Louisendorf

Tour 6 Länge 38 km

AUF DEN SPUREN DER PFÄLZISCHEN EINWANDERER

Rundtour von Goch über Louisendorf und Uedem

Die Tour führt durch die Felderlandschaft zwischen Goch und Kalkar zu einem historischen Phänomen: einer pfälzischen Sprachinsel am Niederrhein und obendrein einer protestantischen Enklave inmitten eines katholischen Umfeldes.

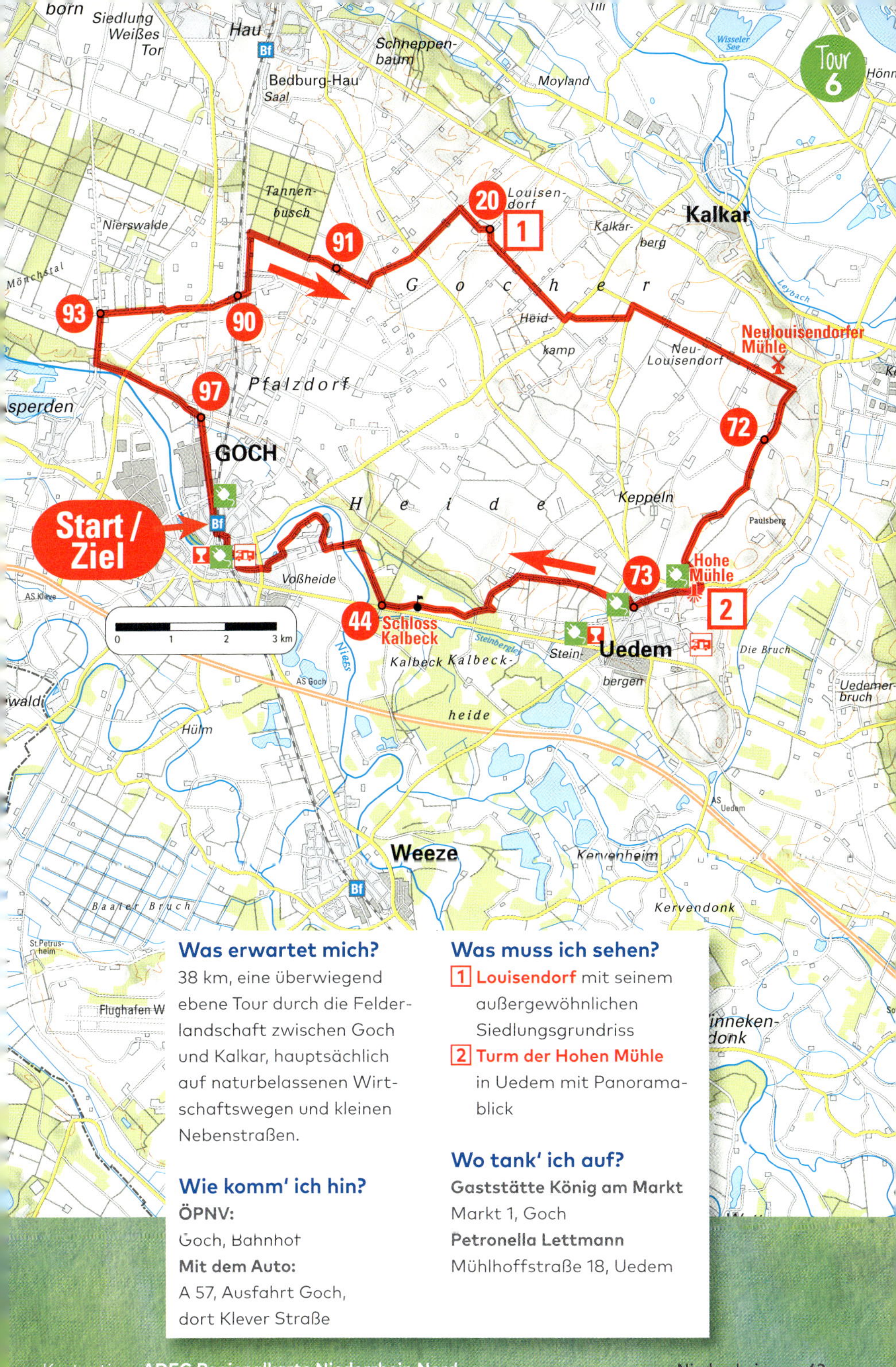

Was erwartet mich?

38 km, eine überwiegend ebene Tour durch die Felderlandschaft zwischen Goch und Kalkar, hauptsächlich auf naturbelassenen Wirtschaftswegen und kleinen Nebenstraßen.

Wie komm' ich hin?

ÖPNV:
Goch, Bahnhof
Mit dem Auto:
A 57, Ausfahrt Goch, dort Klever Straße

Was muss ich sehen?

1 **Louisendorf** mit seinem außergewöhnlichen Siedlungsgrundriss

2 **Turm der Hohen Mühle** in Uedem mit Panoramablick

Wo tank' ich auf?

Gaststätte König am Markt
Markt 1, Goch
Petronella Lettmann
Mühlhoffstraße 18, Uedem

Kartentipp: **ADFC Regionalkarte Niederrhein Nord**

TOURSTART

Sie starten in Goch am Bahnhof. Der Bahnsteig ist ebenerdig und daher stufenlos erreichbar. Sie brauchen Ihr E-Bike keine Treppen hinauf oder herunter zu tragen.

Vom Bahnhof radeln Sie über die Klever Straße aus der Stadt heraus zum ***Knotenpunkt*** *97 am Rand von Pfalzdorf.*

Die ausgeprägte **Streusiedlung Pfalzdorf** war, vor der Eingemeindung zu Goch, eines der flächenmäßig größten Dörfer Deutschlands und gehört bis heute zur pfälzischen Sprachinsel am Niederrhein.

Ihre Geschichte geht in das Jahr 1741 zurück, als niederländische Grenzbeamte bei Schenkenschanz einer Gruppe von reformierten und lutherischen Auswanderern aus dem Hunsrück, das zur Kurpfalz gehörte, die Weiterreise verweigerten, weil diese keine bezahlten Schiffspassagen nach Nordamerika nachweisen konnten.

„Die Verhältnisse in der Pfalz während der ersten Hälfte des 18. Jahrhunderts waren die denkbar traurigsten", heißt es in einem zeitgenössischen Bericht. Missernten, drückende Abgaben und die Folgen des pfälzischen Erbfolgekrieges hatten bei steigenden Bevölkerungszahlen zu einer Massenarmut unter der bäuerlichen Bevölkerung geführt, die die Auswandererzahlen vor allem bei Protestanten in die Höhe schießen ließ.

Im Herbst 1741 wies schließlich die Stadt Goch den gescheiterten Auswanderern einen Teil der Gocher Heide als Siedlungsgebiet zu. Etwa zwanzig Familien begannen unter schwierigen Bedingungen, das unfruchtbare Land urbar zu machen. Als sie damit Erfolg hatten, wuchs Pfalzdorf durch den Zuzug weiterer Familien bis 1777 auf fast 600 Bewohner.

Nach den ersten Erfolgen der Siedler auf der Gocher Heide entwickelten die preußischen Behörden Interesse an einer weiteren Ansiedlung von Auswanderern. Bis 1771 siedelten sich weitere Kolonisten an, die fast alle aus dem Hunsrück stammten. Einige der Sied-

ler zogen weiter nach Ostfriesland, wo sie unter anderem die Gemeinde Pfalzdorf bei Aurich gründeten.

Nach der Gründung Pfalzdorfs existierten drei Konfessionen im Ort. Da die neuen Siedler zu einem Drittel der lutherischen und zu zwei Dritteln der reformierten Konfession angehörten, wurde 1775 eine reformierte Kirche und 1779 eine lutherische Kirche sowie eine katholische Kirche eingeweiht. Teile von Pfalzdorf bildeten lange Zeit eine protestantische Enklave im Gebiet des überwiegend katholischen Kleves.

Louisendorf

*Weiter geht es über die **Knotenpunkte** 93, 90 und 91 zum **Knotenpunkt** 20 nach* **1 Louisendorf.**

Die **Gemeinde**, benannt nach der preußischen Königin Louise (1776–1810) entstand 1820 durch Verfügung des preußischen Königs Friedrich Wilhelm III. als Filialsiedlung des expandierenden Pfalzdorf. Die ursprüngliche Siedlungsstruktur mit vier Straßen, die zum rautenförmigen Dorfplatz, dem Louisenplatz führen, blieb fast vollständig erhalten. In der Mitte des rund 4 Hektar großen Platzes steht, in einem Rondell aus Bäumen, die 1860/61 erbaute evangelische Elisabethkirche, benannt nach der Ehefrau des preußischen Königs Friedrich

In der Gocher Heide

Wilhelm IV, Elisabeth Ludovika von Bayern. Mit seinem außergewöhnlichen **Siedlungsgrundriss** steht Louisendorf unter Denkmalschutz.

Bis in die Mitte des 20. Jahrhunderts bewahrten die Pfälzergemeinden Pfalzdorf, Louisendorf und Neulouisendorf ihren sprachlichen Inselcharakter.

Vor allem wegen der Konfessionsgrenzen gab es bis in die erste Hälfte des 20. Jahrhunderts hinein kaum Heiraten zwischen Angehörigen der katholischen und der protestantischen Konfessionen. Erst die kommunale Neugliederung in den 1960er und 1970er Jahren, bei der die Pfälzerdörfer unterschiedlichen Gemeinden zugeschlagen wurden, lockerte den Inselcharakter.

Sie radeln weiter geradeaus, biegen an der Gocher Straße links ab, um gleich wieder rechts in den Heideweg zu fahren. Links, rechts gelangen Sie auf die Neulouisendorfer Straße. Bevor die Straße einen Linksbogen macht, fahren Sie rechts in den Totenhügel und erreichen den ***Knotenpunkt 72****.*

Hohe Mühle in Uedem

In Neulouisendorf passieren Sie am Ortsrand die **Neulouisendorfer Mühle**. Der konische Mühlenturm wurde 1863 errichtet. Ihre Flügel sind nicht mehr vorhanden. Heute wird sie als privater Wohnraum genutzt und es wurden neue Anbauten angefügt.

*Unsere Tour führt weiter geradeaus und an der querenden Mühlenstraße nach rechts zum **Knotenpunkt** 73 Mitten in Uedem.*

Östlich des Ortskerns erhebt sich der 2 **Turm der Hohen Mühle**. Errichtet im 14. Jahrhundert ist sie eine der ältesten aus Stein gebauten Windmühlen am Niederrhein. Im Inneren des Turms ist eine Ausstellung über die Geschichte des Uedemer Schuster- und Holzschuhhandwerks zu besichtigen. Vom Aussichtsturm schweift der Blick über den „Uedemer Hochwald" und die niederrheinische Landschaft.

Im Ortszentrum erinnern heute lebensgroße Bronzeplastiken an die ehemaligen Stadttore. Die „Hirtin

Die Niers bei Goch

mit Ziege" ist das Symbol für die Veepoort, der „Müller" steht für die Moolenpoort, der „Gerber" erinnert an die Loopoort, und der „Bauer" steht für die Mosterpoort.

Von Uedem fahren Sie zum ***Knotenpunkt*** *44, wo einstmals eine Bahnlinie von Vlissingen an der niederländischen Küste nach Sankt Petersburg in Russland verlief, und mit der NiederrheinRoute links auf die Straße Kalbeck.*

Sie passieren den Kalbecker Forst. **Schloss Kalbeck**, etwas östlich der Radroute gelegen, wurde ab 1906 errichtet. Es befindet sich in Privatbesitz. Ein Besuch ohne Voranmeldung ist nicht möglich.

Reisemobilstellplätze an oder nahe der Route

Wohnmobilstellplatz am Friedensplatz
Thielenstraße 20, Goch

Wohnmobilstellplatz Bergstraße
Bergstraße 99, Uedem

An der Weggabelung folgen Sie der Niederrheinroute nach links, die dann rechts abbiegt und in einem Linksbogen wieder auf die Kalbecker Straße trifft. Hier rechts und noch vor den Bahnschienen wieder rechts, über die Niers, links in die Lüderitzstraße und am Kirchplatz wieder links, über die Bahnschienen und zurück zum Bahnhof, Ihrem Ausgangspunkt.

Die Stadt Goch lohnt eine ausführliche Besichtigung, s. **Ortsporträt Goch** (S. 60), bevor Sie Ihre Heimreise antreten.

Pfarrkirche St. Laurentius in Uedem

E-Bike Ladestationen an oder nahe der Route

Rathaus-Innenhof
Balfourweg, Goch
Euronics Thonnet
Bahnhofstraße 50, Goch
Stadtwerke Goch
Klever Straße 26-28, Goch
Friedensplatz
Thielenstraße 18, Goch
Intersport Matern
Auf dem Wall 7, Goch
Hohe Mühle
Mühlenstraße 101, Uedem
Rathaus
Mosterstraße 2, Uedem
Pavillon
Marktplatz Uedem, Uedem
Bürgerhaus Uedem
Agathawall 11, Uedem
Gaststätte Lettmann
Mühlhoffstraße 18, Uedem

Paddeln auf der Niers

Tour 7 Länge 42 km

AN DEN UFERN DER NIERS

Rundtour von Kevelaer über Weeze und Uedem zurück nach Kevelaer

Die Tour führt streckenweise entlang der Niers, dem wichtigsten Nebenfluss des Niederrheins mit weiten Wiesengebieten und Kopfweidenreihen. Schlösser und Mühlen säumen den Fluss.

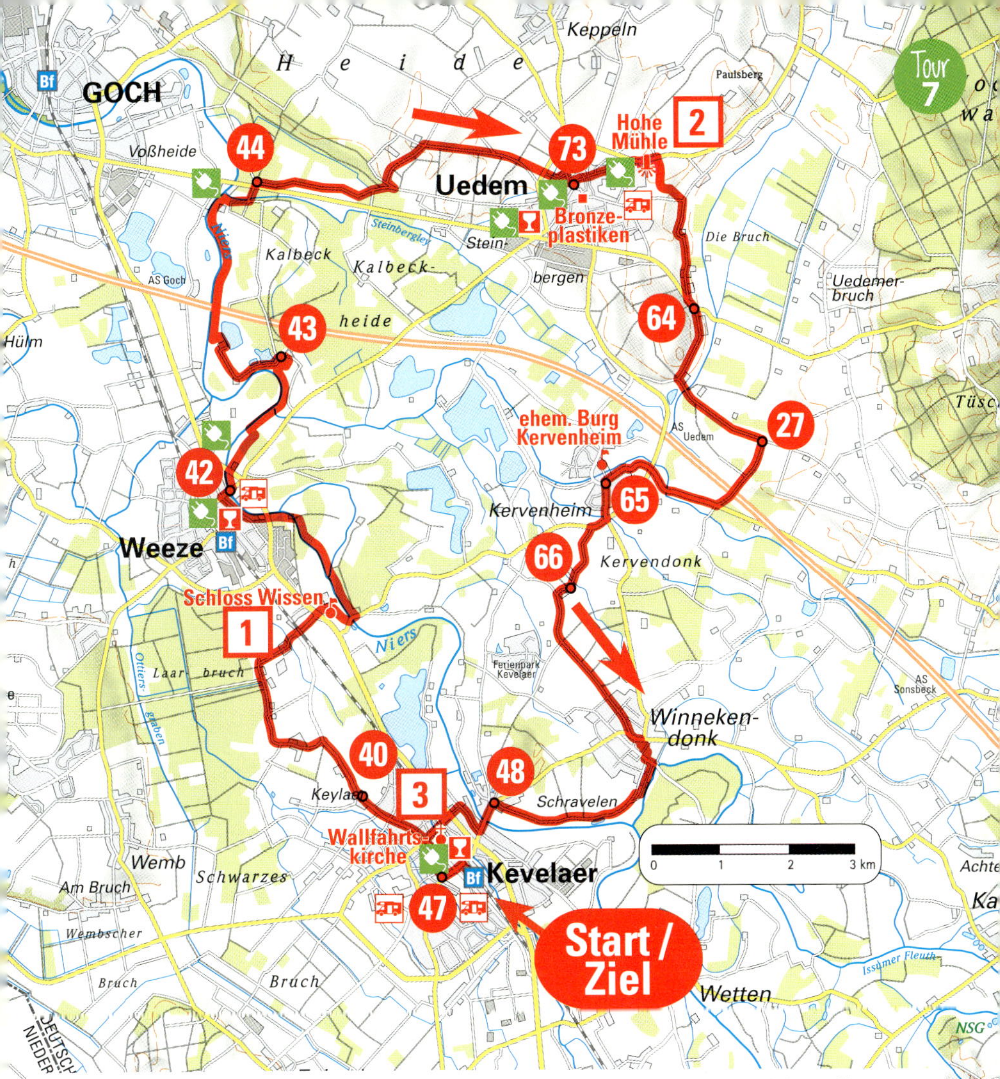

Was erwartet mich?

41,6 km, eine beschauliche Tour, überwiegend auf naturbelassenen, asphaltierten oder geschotterten Wirtschaftswegen durch die Felderlandschaft zwischen Kevelaer und Uedem. Der Anstieg zur „Hohen Mühle" in Uedem wird mit einem Panoramablick belohnt.

Wie komm' ich hin?

ÖPNV:
Bahnhof Kevelaer

Mit dem Auto:
A 47 Ausfahrt Goch,
B 9 nach Kevelaer,
dort Straße „Am Bahnhof"

Was muss ich sehen?

1. **Schloss Wissen** in Weeze
2. **„Hohe Mühle"** mit Panoramablick in Uedem
3. **Wallfahrtskirche** in Kevelaer

Wo tank' ich auf?

Restaurant Goldener Schwan
Hauptstraße 13, Kevelaer

Restaurant Kupferpfanne
Wasserstraße 28, Weeze

Petronella Lettmann
Mühlhoffstraße 18, Uedem

Kartentipp: **ADFC Regionalkarte Niederrhein Nord**

Schloss Wissen

TOURSTART

Sie starten am Bahnhof in Kevelaer. Der Bahnsteig ist stufenlos erreichbar. Sie brauchen Ihr E-Bike keine Treppen hinauf oder herunter zu tragen.

Mit der Straße Am Bahnhof biegen Sie links ab zum ***Knotenpunkt*** *47 und durchqueren rechts die Ortsmitte mit der* 3 **Wallfahrtskapelle**. *Über links Amsterdamer Straße, links-rechts Hubertusstraße gelangen Sie zum* ***Knoten*** *40 und fahren mit der NiederrheinRoute Richtung Weeze. Nach gut 2,5 km lenken Sie, den Beschilderungen der NiederrheinRoute folgend, nach rechts, um beim* **Schloss Wissen** *die Niers zu überqueren.*

Die Quellen der Niers sind heute durch den Braunkohle-Tagebau Garzweiler versiegt. Damit die natürliche Wasserführung nicht noch weiter absinkt, wird der Niers Sümpfungswasser aus dem Tagebau über Rohrleitungen zugeführt. Im Einzugsgebiet der Niers wird sehr viel Grundwasser zu Trink- oder Brauchwasser aufbereitet. Die Wasserqualität hat sich in den letz-

ten Jahrzehnten deutlich verbessert. 2012 konnte die Biologische Station Krickenbecker Seen 32 Fischarten in der Niers nachweisen. Die weiten Wiesengebiete an der Niers mit ihren Kopfweidenreihen sind eine beliebte Heimat für den Steinkauz, der hier bundesweit sein größtes Vorkommen hat. Auch Graureiher finden in dem Fluss, in Feuchtwiesen und Gräben reiche Nahrung.

Das 1 **Wasserschloss Wissen** ist seit rund 500 Jahren der Stammsitz der Familie von Loë und wird, nach wie vor, von dieser privat bewohnt. Der Innenhof ist für Besucher frei zugänglich. Die Schlossbewohner bitten allerdings um Rücksichtnahme auf ihre Privatsphäre. Aus einem Wohnturm aus dem 14. Jahrhundert wurde das Schloss erweitert und mehrfach umgebaut – im 16. Jahrhundert im Stil der niederländischen Renaissance, später als Barockbau. 1876 und 1886 ließ der damalige Schlossherr den Bau neugotisch überarbeiten und um 1970 wurde er saniert und innen modernisiert. Nördlich der Schlossinsel steht die **Wissener Schlossmühle**. Der Backsteinbau stammt aus dem Jahr 1545.

*Auf dem anderen Ufer der Niers folgen Sie der NiederrheinRoute nach links, um mit ihr erneut die Niers nach links zu queren, parallel zum Fluss durch Weeze zu radeln und nach rechts auf dem Fährsteg den **Knotenpunkt** 42 zu erreichen. Hier geht es links auf dem Niersradweg zum **Knoten** 43 und links weiter dem Flusslauf folgend. Am Fähranleger biegen wir rechts ab und erreichen nach rechts-links-links-Abbiegen den **Knoten** 44. Hier folgen wir wieder der NiederrheinRoute nach rechts zum zum **Knotenpunkt** 73 in Uedem.*

Im Ortszentrum erinnern heute lebensgroße Bronzeplastiken an die ehemaligen Stadttore. Die „Hirtin mit Ziege" ist das Symbol für die Veepoort, der „Müller" steht für die Moolenpoort, der „Gerber" erinnert an die Loopoort, und der „Bauer" steht für die Mosterpoort.

*Vom **Knoten** 73 geht es weiter zum **Knotenpunkt** 64.*

Am Ortsende von Uedem geht es deutlich bergan zur 2 **„Hohen Mühle"**. Der Turm wurde im 14. Jahrhundert als eine der ältesten aus Stein gebauten Windmühlen am Niederrhein errichtet. Im Inneren des Turms ist eine Ausstellung über die Geschichte des Uedemer

Panoramblick von der „Hohen Mühle" in Uedem

Schuster- und Holzschuhhandwerks zu besichtigen. Vom Aussichtsturm schweift der Blick über den „Uedemer Hochwald" und die niederrheinische Landschaft.

Hohe Mühle

*Vom **Knotenpunkt** 64 radeln Sie weiter über den **Knotenpunkt** 27 zum **Knotenpunkt** 65 in Kervenheim.*

Von der ehemaligen **Burg Kervenheim** blieb nur noch der Gutshof erhalten. Die einstmals prächtige Burg fiel 1757 einen verheerenden Stadtbrand zum Opfer. Seit 2009 ist die Evangelische Kirche Eigentümer des gesamten Burggeländes und bemüht sich um Erhalt und Renovierung.

Seit Beginn der Industrialisierung in den 1870er Jahren bis 1985 war ein großer Teil der Bevölkerung in der Schuhfabrikation tätig, vor allem in der „Niederrheinischen Schuhfabrik Kervenheim".

Reisemobilstellplätze an oder nahe der Route

Wohnmobilstellplatz am Europaplatz
Gelderner Straße 59, Kevelaer

Wohnmobilstellplatz am Hallenbad
Hüls 13, Kevelaer

Wohnmobilstellplatz. am Tierpark
Fährsteg, Weeze

Wohnmobilstellplatz Bergstraße
Bergstraße 99,Uedem

*Von Kervenheim führt unsere Tour weiter über die **Knoten** 66 und 48 zum **Knotenpunkt** 47 in Kevelaer. Der kurze Weg zum Bahnhof, ihrem Ausgangspunkt, ist ausgeschildert.*

Kevelaer, der **bedeutendste Marienwallfahrtsort des Niederrheins**, zieht jährlich Pilger aus ganz Europa an. Die Wallfahrt geht auf eine Legende zurück, nach der der Handelsmann Heinrich Busman während des Dreißigjährigen Krieges am Wegkreuz auf der Kevelaerer Heide eine Erscheinung hatte. Seit dem 1. Juni 1642 wird dort das Wallfahrtsbild verehrt, ursprünglich an einem Bildstock, um den 1654 die Gnadenkapelle gebaut wurde. 1647 gab die Synode von Venlo der Wallfahrt zur „consulatrix afflictorum" den offiziellen

Gnadenkapelle in Kevelaer

kirchlichen Segen. Neben der Gnadenkapelle befindet sich die 3 **Kerzenkapelle**, die älteste **Wallfahrtskirche** der Stadt, die zwischen 1643 und 1645 errichtet wurde. Heute reihen sich in dem Pilgerbezirk Hotels und Geschäfte, die Kerzen und religiöse Souvenirs von Kunsthandwerk bis Kitsch anbieten. Die Wallfahrtszeit beginnt am Sonntag vor dem 29. Juni und endet Allerheiligen.

E-Bike Ladestationen an oder nahe der Route

Ladestation der Stadtwerke Kevelaer
Roermonder Platz, Kevelaer

Service-Center Tourismus und Kultur
Peter-Plümpe-Platz 12, Kevelaer

Priesterhaus Kevelaer
Kapellenplatz 35, Kevelaer

Zweirad Peters
Annastr. 4, Kevelaer

Markt-Café
Wasserstraße 33, Weeze

Freizeitbetrieb Kevin's Pub
Wasserstraße 50, Weeze

Eis Café Alpago
Kevelaer Straße 25, Weeze

Tierpark Weeze
Hertefeld, Weeze

Jan an de Fähr
Höst-Vornicker-Weg 9, Weeze

Gaststätte Lettmann
Mühlhoffstraße 18, Uedem

Rathaus
Mosterstraße 2, Uedem

Pavillon
Marktplatz Uedem, Uedem

Bürgerhaus Uedem
Agathawall 11, Uedem

Hohe Mühle
Mühlenstraße 101, Uedem

Schloss Walbeck

AUF PILGERWEGEN NACH KEVELAER

Rundtour von Kevelaer über Geldern, Walbeck und Twisteden

Die überwiegend ebene Tour führt durch die reizvolle Felderlandschaft zwischen Kevelaer und Geldern und in das Spargeldorf Walbeck.

Was erwartet mich?

50,5 km, eine überwiegend ebene Tour vor allem auf naturbelassenen Wegen durch eine reizvolle Felderlandschaft

Wie komm' ich hin?

ÖPNV:

Bahnhof Kevelaer

Mit dem Auto:

A 47 Ausfahrt Goch, B 9 nach Kevelaer, dort Straße „Am Bahnhof"

Was muss ich sehen?

1. **Steprather Mühle** in Geldern-Walbeck
2. **Schloss Walbeck** in Geldern-Walbeck
3. **Wallfahrtskirche** in Kevelaer

Wo tank' ich auf?

Restaurant Kloibers Schloss Haag
Bartelter Weg 8, Geldern

Hotel Schloss Walbeck
Am Schloß Walbeck 31, Geldern

Alte Bürgermeisterei
Walbecker Str. 2, Geldern

Restaurant Goldener Schwan
Hauptstraße 13, Kevelaer

Kartentipp: **ADFC Regionalkarte Niederrhein Nord**

TOURSTART

Sie starten am Bahnhof in Kevelaer. Der Bahnsteig ist stufenlos erreichbar. Sie brauchen Ihr E-Bike keine Treppen hinauf oder herunter zu tragen.

Sie radeln in Richtung ***Knotenpunkt*** *48 und lenken noch vor der Niers nach rechts, um auf dem Niers-Radwanderweg durch Wetten den* ***Knoten*** *49 zu erreichen.*

Am Ortsrand von Wetten passieren Sie eine um 1800 errichtete **Windmühle**, mit der noch bis 1952 Getreide gemahlen wurde. Heute beherbergt die flügellose Mühle eine Speditionsfirma und einen Raiffeisenmarkt.

Schloss Haag in Geldern

Vom ***Knotenpunkt*** *49 führt die Tour rechts weiter durch die Felderlandschaft zum* ***Knotenpunkt*** *21.*

Wo Sie an die Hauptstraße stoßen, steht links die **Willicksche Mühle**, die einzige noch erhaltene von ehemals zahlreichen Wassermühlen in Geldern. Die bereits 1434 urkundlich erwähnte Mühle an der Niers wurde bis nach dem Zweiten Weltkrieg betrieben. Das heutige Gebäude entstand im 18. Jahrhundert und wurde ab 2014 restauriert. Es wird heute als privates Wohnhaus genutzt, ist aber von der Straße aus gut zu sehen.

Am **Knotenpunkt** 21 steht die erhaltene dreiflügelige Vorburg von **Schloss Haag**. Der ehemalige Rittersitz geht auf das 14. Jahrhundert zurück. Nach schweren Zerstörungen im Zweiten Weltkrieg blieb nur dieser Teil der Anlage mit einem vorgelagerten Vorhof erhalten. Die Vorburg mit ihren runden Ecktürmen und dem quadratischen Torturm im Südwesten wurde wahrscheinlich in der zweiten Hälfte des 15. Jahrhunderts errichtet und bildete den Eingang zur Burganlage. Heute befinden sich dort ein landwirtschaftlicher Betrieb, ein Restaurant und eine Golfanlage.

Marktplatz in Geldern

Mit der NiederrheinRoute fahren Sie hinter dem Schloss rechts und erreichen Geldern. Über den Kreisel geradeaus biegen Sie links-rechts-links ab und gelangen zum ***Knotenpunkte*** *20 im Zentrum von Geldern.*

Über den von Cafés, Konditoreien und Restaurants gesäumten Markt gelangen Sie zur **Heilig-Geist-Kirche** mit einem für die Region untypischen Zwiebelturm. Sie wurde in den Jahren 1736 bis 1740 als quadratischer Backsteinbau mit Holzempore im Stil des „Preußischen Barock" errichtet.

*Vor der Heilig-Geist-Kirche (**Knoten** 20) biegen Sie rechts ab und folgen den Schildern zum **Knotenpunkt** 95.*

Dabei passieren Sie kurz hinter Geldern **Haus Golten**. Das Herrenhaus an der Niers geht auf ein einfaches Haus des 18. Jahrhunderts zurück, an das um 1900 der Turm mit gotischer Schweifhaube angebaut wurde. Das Haus wird heute als Altersheim genutzt, ist aber vom Radweg aus gut zu sehen.

Am **Knotenpunkt** 95 steht **Haus Ingenray**: Der ehemalige Rittersitz von Gefolgsleuten der Herzöge von Geldern wurde 1397 erstmals urkundlich erwähnt. Heute unterhalt dort eine Stiftung des Historischen Vereins für Geldern und Umgegend ein kleines Museum und ein historisches Archiv.

Steprather Mühle

*Vom **Knoten** 95 fahren Sie rechts, über die Niers, rechts im Zickzack durch Pont, hinter dem Ort links (Damm, später Wiesenstraße), in einem schmalen Waldstück links in den Griftenweg und über den **Knotenpunkt** 19 rechts-links nach Walbeck. Vor dem Zentrum biegen Sie rechts auf die Hochstraße und erreichen so die* 1 **Steprather Mühle**.

Sie durchqueren dabei den für seinen Spargel bekannten Ortsteil Walbeck. Hier gründeten Bauern 1929 die erste und bis heute einzige Spargelbaugenossenschaft. Zahlreiche Gärtnereibetriebe bauen weitere Gemüsesorten und im Herbst Eriken und Azaleen an.

Am Ortseingang sehen Sie die **Kokermühle**, die 1770 in den Niederlanden als hölzerne Sägemühle erbaut und 1823 als Kornmühle in Walbeck wieder aufgebaut wurde, Sie ist die einzige Mühle dieser Bauart im Rheinland und war bis 1952 in Betrieb. Heute befindet sie sich nach aufwändiger Restaurierung Ende der 1990er Jahre in Privatbesitz.

Im Ortskern passieren Sie den Backsteinbau der **Lucia-Kapelle** vom Anfang des 16. Jahrhunderts und die **Sankt- Nikolaus-Pfarrkirche**, deren Grundstein 1432 gelegt wurde. Beeindruckend sind ihre 1969/70 gefertigten, modernen Kirchenfenster.

Die 1 **Steprather Mühle**, eine markante Turmwindmühle in strahlendem Weiß, ist Deutschlands älteste noch voll funktionsfähige Windmühle. Sie wurde um 1450 errichtet. Hoch oben lesen Sie die Aufschrift „In Wind und Wetter ist Gott Dein Retter". Samstags, sonntags und an Feiertagen bietet der Mühlenverein zwischen 10 und 17 Uhr eine Besichtigung der Mühle sowie in einem Café selbstgebackenes Brot sowie Kaffee und Kuchen an.

In der Steprather Mühle

Von der Hochstraße geht es links in den Kastellweg, am Ende rechts und die nächste links. Vor **Haus Walbeck** *treffen Sie auf die Nebenroute 44 der NiederheinRoute und folgen dieser nach rechts in einem Bogen bis zum* ***Knotenpunkt*** *46.*

Dabei passieren Sie 2 **Schloss Walbeck**, eine Wasserburg, die auf das 14. Jahrhundert zurückgeht. Der Bau wurde im Lauf der Jahrhunderte mehrfach verändert und nach einem Brand 1836 wieder aufgebaut. Heute wird das Schloss als Hotel genutzt.

Weiter auf der Nebenroute 44 durchradeln Sie Twisteden und erreichen Wemb mit dem ***Knoten*** *39. Kurz vor*

Gnadenkapelle

Reisemobilstellplätze an oder nahe der Route

Wohnmobilstellplatz am Europaplatz
Gelderner Straße 59, Kevelaer
Wohnmobilstellplatz am Hallenbad
Hüls 13, Kevelaer
Wohnmobilstellplatz am Restaurant Einhorn
Twistedener Straße 285, Kevelaer
Reisemobilhafen Schravelsche Heide
Grotendonker Straße 54–58, Kevelaer
Reisemobilhafen Den Heyberg
Im Auwelt 45, Kevelaer
Wohnmobilstellplatz am Sportplatz
Hülspassweg 20, Geldern
Reisemobilhafen am Freibad
Am Freibad 16, Geldern
Wohnmobilstellplatz am Holländer See
Am Holländer See 19, Geldern

der 39 biegen wir rechts ab und folgen geradeaus weiter der Nebenroute 44 zum ***Punkt*** *40. Ins Zentrum von Kevelaer mit der Wallfahrtskapelle und zum* ***Knotenpunkt*** *47 geht es rechts.*

Kevelaer, der bedeutendste Marienwallfahrtsort des Niederrheins, zieht jährlich Pilger aus ganz Europa an. Die Wallfahrt geht auf eine Legende zurück, nach der der Handelsmann Heinrich Busman während des Dreißigjährigen Krieges am Wegkreuz auf der Kevelaerer Heide eine Erscheinung hatte. Seit dem 1. Juni 1642 wird dort das Wallfahrtsbild verehrt, ursprüng-

lich an einem Bildstock, um den 1654 die Gnadenkapelle gebaut wurde. 1647 gab die Synode von Venlo der Wallfahrt zur „consulatrix afflictorum" den offiziellen kirchlichen Segen. Neben der Gnadenkapelle befindet sich die 3 **Kerzenkapelle**, die älteste Wallfahrtskirche der Stadt, die zwischen 1643 und 1645 errichtet wurde. Heute reihen sich im den Pilgerbezirk Hotels und Geschäfte, die Kerzen und religiöse Souvenirs von Kunsthandwerk bis Kitsch anbieten. Die Wallfahrtszeit beginnt am Sonntag vor dem 29. Juni und endet Allerheiligen.

Der kurze Weg zum Bahnhof, ihrem Ausgangspunkt ist ausgeschildert.

Bild Mitte:
Die Marienbasilika in Kevelaer
Bild rechts:
Marienbasilika Innenansicht

E-Bike Ladestationen an oder nahe der Route

Ladestation der Stadtwerke Kevelaer
Roermonder Platz, Kevelaer

Service-Center Tourismus und Kultur
Peter-Plümpe-Platz 12, Kevelaer

Priesterhaus Kevelaer
Kapellenplatz 35, Kevelaer

Zweirad Peters
Annastr. 4, Kevelaer

Stadtwerke Geldern
Markt 25, Geldern

Stadt Geldern
Issumer Tor 36, Geldern

Restaurant „All' Arco"
Antoniusstraße 14, Geldern-Pont

Hotel Haus Deckers
Walbecker Markt 1, Geldern-Walbeck

Spargelhof Kisters - Café „Op de Deäl"
Kevelaerer Straße 6, Geldern-Walbeck

Zweirad Hendrix
Kevelaerer Straße 120, Geldern-Walbeck

Schloss Walbeck
Am Schloss Walbeck 31, Geldern-Walbeck

Bauerncafé Winthuis
Am Bruch 12, Weeze-Wemb

Bürgerhaus Wemb
Auf der Schanz 49, Weeze-Wemb

Tempelfragment im Archäologischen Park in Xanten

Tour 9

Länge 60 km

ALTE STÄDTE AM RHEIN

Rundtour von Xanten über Rees und Wesel

Die landschaftlich reizvolle Tour führt von Xanten über den alten Wallfahrtsort Marienbaum in die historische Festungsstadt Rees und durch die rechtsrheinische Auenlandschaft. Auf der Rheinbrücke bei Wesel geht es über den Rhein und durch das Naturschutzgebiet Bislicher Insel zurück nach Xanten.

Was erwartet mich?

59,6 km, eine ebene Tour überwiegend auf asphaltierten Wirtschaftswegen. Aufpassen: die Rheinfähre verkehrt nicht jeden Tag!

Wie komm' ich hin?

ÖPNV:
Bahnhof Xanten

Mit dem Auto:
A 57 Ausfahrt Alpen, über B 58 und B 57 nach Xanten, dort Bahnhofstraße.

Was muss ich sehen?

1. **Archäologischer Park** in Xanten
2. **Viktordom** in Xanten
3. **Festungsstadt Rees**
4. **Naturschutzgebiet Bislicher Insel**

Wo tank' ich auf?

Rheinterrassen Rees
Wasserstraße 2, Rees
Fährhaus Bislich
Marwick 26, Wesel
Restaurant Zur Rheinfähre Xanten
Bislicher Insel 1, Xanten
Restaurant zur Börse
Markt 12, Xanten

Kartentipp: **ADFC Regionalkarte Niederrhein Nord**

St. Viktor Dom in Xanten

TOURSTART

Sie starten in Xanten am Bahnhof. Der Bahnhof verfügt nur über ein Bahnsteiggleis und ist stufenlos erreichbar. Sie brauchen Ihr E-Bike keine Treppen hinauf oder herunter zu tragen.

Vom Bahnhof radeln Sie über den ***Knoten*** *42 links zur 41 im Zentrum der Stadt, links-rechts-links zur 40 und links über den* ***Knoten*** *22 zur 21 in Wardt.*

Xanten mit seinen mittelalterlichen Bauwerken, dem 1 **Archäologischen Park Xanten** sowie dem 2 **St.-Viktor-Dom** lohnt eine ausgiebige Besichtigung. Ausführliche Informationen über die Sehenswürdig-

keiten in Xanten finden Sie im **Ortsporträt der Stadt Xanten** (s. S. 94).

Archäologischer Park Xanten

Der Ortsteil Wardt liegt auf einer Halbinsel zwischen dem Rhein im Nordosten und dem Freizeitzentrum Xanten mit Sport- und Freizeithäfen sowie Badestränden an zwei durch einen Kanal verbundenen ehemaligen Baggerseen, die als Xantener Nordsee beziehungsweise Südsee bezeichnet werden. Auf dem Nordsee werden auch Rundfahrten mit einem Fahrgastschiff angeboten.

Die gotische **Backsteinkirche St. Willibrord** wurde in drei Bauabschnitten in der zweiten Hälfte des 15. Jahrhunderts teils unter Nutzung der Fundamente eines romanischen Vorgängerbaus errichtet und 1870 restauriert.

Sie radeln weiter entlang des Xantener Nordsees zum ***Knotenpunkt*** *45 und über den* ***Knoten*** *20 zur 59 in Niedermörmter. Hier rechts, über die Brücke und hinter der Niers rechts zur 56 in Rees. Von Rees aus steuern Sie den* ***Knotenpunkt*** *82 an.*

Festungsmauer in Rees

Sie passieren 3 **Reste der alten Festungsmauer**, die sich in der Gräfte spiegeln, und den Marktplatz mit dem Koenraad-Bosman-Museum, das Ausstellungen zur Stadtgeschichte und Kunst zeigt. Unter dem Museumsgebäude befindet sich eine zugängliche, um 1500 erbaute, Kasematte für leichtere Geschütze. Hinter dem Markt fällt die **Kirche St. Mariä Himmelfahrt** mit ihrer für den Niederrhein seltenen klassizistischen Fassade ins Auge. Auch entdecken Sie hin und wieder Pumpen und kleine Brunnen. An der Ecke der Straßen Oberstadt/Am Bär liegt etwas oberhalb das Rondell der alten Festungsanlage.

Ausführliche Informationen zur Stadt finden Sie im **Ortsporträt Rees** (s. S. 42).

Hinter Rees führt die Route durch eine malerische Landschaft mit Kolken und Altrheinarmen. Im Spätsommer laden Holunderbeersträucher zur Ernte ein.

Unsere Tour führt weiter zum ***Knotenpunkt*** *57.*

Hin und wieder stehen links und rechts Pappelreihen, um den Wind abzuhalten, den Radwanderer auf der Deichkuppe in besonders exponierter Stellung zu spüren bekommen.

Weiter geht es über die ***Knotenpunkte*** *34 und 35 zum* ***Knoten*** *36.*

Hier bieten sich schöne Ausblicke über die flache Niederrheinlandschaft. Im Osten sehen Sie die Hügelkette des Hochwaldes und bald rücken auch die Türme des Xantener Domes ins Blickfeld und es eröffnet sich ein schöner Panoramablick auf den Rhein und die gegenüberliegende Römerstadt.

In Bislich lohnt das **Deichdorfmuseum** einen Besuch. Neben der Dorfgeschichte des 19. und 20. Jahrhunderts werden auch Deichbau und Hochwasserschutz sowie die Rheinschifffahrt und die historische Rheinfischerei thematisiert. In einer alten Ziegelei und einer historischen Schmiede wird Handwerksgeschichte gezeigt.

Deichdorfmuseum in Bislich

*Am **Knotenpunkt** 36 haben Sie die Möglichkeit, die Route abzukürzen. Hier setzt die Personenfähre „Keer Tröch II" auf das Xantener Ufer zum **Knotenpunkt** 37 über. Die Fährsaison geht von Palmsonntag bis zum 31. Oktober. Die Fährtage sind Mittwoch, Freitag, Samstag und Sonntag sowie Feiertage – während der Sommerferien in NRW auch der Donnerstag.*

*Für die hier beschriebene Tour radeln Sie links weiter über den **Knotenpunkt** 32, geradeaus weiter über die NiederrheinRoute bzw. Römer-Lippe-Route zum **Knotenpunkt** 31 nach Wesel.*

Die Route führt vorbei am **Willibrordi-Dom** am Großen Markt. Die spätgotische Basilika mit fünf Kirchenschiffen wurde zwischen 1498–1540 erbaut. Mehr Informationen finden Sie im Stadtporträt Wesel.

*Die Schilder leiten Sie vorbei an der Zitadelle zum **Knotenpunkt** 65 und über die Rheinbrücke zur 60.*

Die **Zitadelle Wesel** ist eine der größten erhaltenen Festungsanlagen des Rheinlands und wurde zwischen 1688 und 1722 errichtet und war der Kern der Festung Wesel. Als bedeutende kaiserliche Garnisonstadt Wesel beherbergte sie einst vier preußische Regimenter. Heute wird die Zitadelle als Kulturzentrum und Museum genutzt.

Reisemobilstellplätze an oder nahe der Route

Womo-Park Xanten
Fürstenberg 6, Xanten

Wohnmobilstellplatz Ebentalstraße
Ebentalstraße 9, Rees

Hinter der Rheinbrücke fahren Sie rechts über den ***Knotenpunkt*** *59 zur 37.*

Auf der weiteren Etappe zum **Knotenpunkt** 37 durchqueren Sie die 4 **Bislicher Insel**, eine der wenigen noch intakten Auenlandschaften in Deutschland. Die Insel entstand durch Änderungen des Flussverlaufes des Rheins. Zu Römerzeiten gab es dort eine echte Insel. Später verlagerte sich das Flussbett nach Süden, bis es im Bereich des heutigen Xantener Altrheins lag. Einen einschneidenden Eingriff veranlasste der Preußenkönig Friedrich der Große, als er, um den Rheinverlauf abzu-

Bislicher Insel

kürzen, den Bislicher Graben durchstechen ließ und damit den heutigen Verlauf des Rheins ermöglichte. Der ehemalige Hauptarm wurde zu einem Altrheinarm. Die Bislicher Insel ist heute ein **Naturschutzgebiet** am fünf Kilometer langen Xantener Altrhein. Es bietet ein breites Spektrum an Wasser- und Uferpflanzen sowie Weichholzauenwäldern.

Die Tour führt links weiter über die ***Knotenpunkte*** *26, geradeaus 25, rechts Richtung Innenstadt und 42 zu Ihrem Ausgangspunkt dem Bahnhof in Xanten.*

E-Bike Ladestationen an oder nahe der Route

„LVR-Römer Museum"
Trajanstr. 10, Xanten
Tourist Information Xanten
Bahnhofstraße, Xanten
Freizeitzentrum Xanten
Am Meerend, Xanten
Hafen Vynen
Nordsee/Alt Vynscher-Weg, Xanten (Ladesäule zwischen Parkplatz und „Pier 5")
Hafen Wardt
Nordsee/Am Meerend, Xanten
Atlanta Hotel Rheinpark
Vor dem Rheintor 15, Rees
Marktplatz Rees
Marktplatz 1, Rees
E-Bike Ladestation Campingplatz Grav-Insel
Gravinsel 1, Wesel
Welcome Hotel Wesel
Rheinpromenade 10, Wesel
Stadtinformation Wesel
Großer Markt 11, Wesel

Orts-portrait

XANTEN

Die Geschichte der Stadt geht auf das römische Militärlager Vetera Castra und die Römerstadt Colonia Ulpia Traiana zurück.

Klever Tor

Bereits um 15 vor Christus wurde das römische Legionslager Vetera Castra auf dem Fürstenberg nahe dem heutigen Ortsteil Birten gegründet, das auch vom römischen Geschichtsschreiber Tacitus erwähnt wird. Von hier aus zogen auch Legionen in die Varusschlacht im Jahre 9 nach Christus, wie ein erhaltener Grabstein dokumentiert. Von diesem Lager existiert noch das **Erdwalltheater in Birten**, das heute als **Freilichtbühne** genutzt wird. Hier soll auch im 4. Jahrhundert Viktor von Xanten zusammen mit 330 weiteren Angehörigen der Thebäischen Legion als Märtyrer hingerichtet worden sein. Später wurde ein zweites Militärlager nahe der heutigen Bislicher Insel errichtet, das bei den sich verändernden Flussverläufen vom Rhein überspült und erst in den 1950er Jahren bei Auskiesungen entdeckt wurde.

Beide Lager dienten ursprünglich als Ausgangspunkte für die Eroberung des rechtsrheinischen Germaniens und spielten eine wichtige Rolle bei den

Archäologischer Park

Feldzügen von Drusus, dem Stiefsohn des römischen Kaisers Augustus, der im Jahre 9 vor Christus bis zur Elbe beim heutigen Magdeburg vordrang. Nach der Niederschlagung des Bataver-Aufstandes 70 nach Christus bekamen die Militärlager eine defensive Rolle bei der Sicherung des linksrheinischen Gebietes gegen Germaneneinfälle.

Um 100 nach Christus wurde von Kaiser Marcus Ulpius Traianus die Colonia Ulpia Traiana gegründet und nach ihm benannt. Sie besaß als Colonia, wie rund 150 Städte im gesamten römischen Reich, Stadtrecht und war nach Claudia Ara Agrippinensium, dem heutigen Köln, und Augusta Treverorum, dem heutigen Trier, die drittgrößte römische Stadt nördlich der Alpen. Die Stadt war von Mauern und Toren geschützt, besaß ein rechtwinklig verlaufendes Straßennetz, ein Forum, Tempel und ein Amphitheater. Auf 73 Hektar lebten rund 10.000 Menschen.

Im Laufe des dritten Jahrhunderts ging die Besiedlung zurück, als der Rheinarm vor der Stadt verlandete und es vermehrt zu Germaneneinfällen kam. 275 nach Christus wurde Ulpia Traiana von den Franken beinahe vollständig zerstört. Um 310 wurde auf dem Gelände noch einmal eine neue, kleinere Stadt Tricensimae, errichtet, die aber Anfang des 5. Jahrhunderts aufgegeben wurde. Die Bauten verfielen und wurden in den nachfolgenden Jahrhunderten als Steinbruch genutzt.

Statue des Kaisers Augustus

Zum Glück für die Archäologen und heutigen Besucher wurde die Römerstadt nie überbaut. Heute erstreckt sich auf ihrem Gelände der **Archäologische Park Xanten** (APX) als Freilichtmuseum und Ausgrabungsstätte. Um einen Eindruck vom Aussehen der

Stiftskirche St. Viktor, Kreuzigungsgruppe

Stiftskirche St. Viktor, Georgsaltar

Colonia Ulpia Traiana zu vermitteln, wurden einige römische Gebäude nachgebaut. Zu ihnen gehören das Amphitheater, der Hafentempel und Teile der Stadtmauer. Auf dem Gelände des Parks befindet sich auch das **Römer Museum Xanten**, das einige der bedeutenden Funde zeigt.

Ab Mitte des achten Jahrhunderts entstand die mittelalterliche Stadt Xanten südlich der Römerstadt. Eine **karolingische Kirche** und ein **Stift** zu Ehren des Märtyrers Viktors und seiner Legionäre entstand. In der Nähe ihrer vermuteten Gräber, nannte man Kirche und Stift ad Sanctos (deutsch: bei den Heiligen). Später wurde der Stiftsname Sanctos für die sich entwickelnde mittelalterliche Stadt übernommen.

Im Nibelungenlied, dem mittelalterlichen Heldenepos, das zu Beginn des 13. Jahrhunderts nach älterer Überlieferung geschrieben wurde, wird Xanten als Geburtsort Siegfrieds genannt.

Am 15. Juli 1228 verlieh der Kölner Erzbischof Heinrich von Molenark Xanten die Stadtrechte, einen Tag später als Rees, das sich daher als älteste Stadt des unteren Niederrheins bezeichnen darf.

Streitigkeiten um territoriale Vorherrschaften und Kriege führten dazu, dass Xanten ab 1389 mit einer bis zu acht Metern hohen Mauer, vier Doppeltoren sowie 18 Türmen und Kleintoren befestigt wurde. Dazu gehören das erhalten gebliebene **Klever Tor** und der **Rundturm** der Kriemhildmühle. Vom Reichtum der mittelalterlichen Stadt zeugen noch heute die prunkvollen Altäre des **St.-Viktor-Doms**, dessen Grundstein 1263 gelegt und der nach 281 Jahren schließlich fertiggestellt wurde. 14 Handwerker-Gilden wetteiferten um seine Ausstattung.

Ab dem frühen 16. Jahrhundert verschlechterte die Verlagerung des Rheins, der Xanten als Handelsstadt attraktiv gemacht hatte, die Lebensbedingungen und mehrfache Kriege sowie Missernten führten dazu, dass die Bevölkerungszahl von 5.000 bis zum Ende des 18. Jahrhunderts auf 2.000 sank.

Erst nach dem Zweiten Weltkrieg, in dem Xanten und auch der Dom stark zerstört wurden, wuchs die Bevölkerung vor allem durch die Ansiedlung von Flüchtlingen deutlich an.

Kriemhildmühle

Von der mittelalterlichen Blütezeit Xantens zeugt vor allem die gotische Stiftskirche **St.-Viktor-Dom** mit der **Stiftsbibliothek** und dem **Stiftsmuseum**, das reiche Kirchenkunstschätze und Dokumente ausstellt. Die **Stiftskirche**, landläufig auch als Dom bezeichnet, das **Klever Tor**, die **Kriemhildmühle** und ihr Gegenstück, die **Siegfriedmühle**, sowie das **Karthaus** und weitere historische Gebäude prägen das Bild des mittelalterlichen Stadtkerns. Von der einstigen **Stadtbefestigung** sind, neben den bereits genannten, ein Mauerturm am Westwall, der Meerturm, ein Rundturm am Westwall, der Schweineturm und ein Rundturm am Nordwall erhalten geblieben, die während des 18. Jahrhunderts zumeist umgestaltet wurden.

Gotisches Haus

Das um 1540 erbaute **Gotische Haus** gilt als herausragendes Beispiel spätgotischer Baukunst am Niederrhein. Das **Arme-Mägde-Haus** aus dem späten 16. Jahrhundert wurde errichtet, um den im **Viktorstift** arbeitenden Frauen ein Heim für ihren Lebensabend zu geben. Direkt gegenüber dem Arme-Mägde-Haus steht ein gotischer Treppengiebel aus dem 15. Jahrhundert. Neben der gotischen Architektur sind mit Rokokofassaden an Gebäuden aus dem 18. und 19. Jahrhundert, dem barocken Pavillon am östlichen Eckpunkt der Immunität und dem Renaissance-Erker von 1634 weitere Baustile erhalten geblieben.

Tour 10 Länge 52 km

Blick vom Archäologischen Park auf den Viktordom in Xanten

AUF RÖMERPFADEN IN DIE SONSBECKER SCHWEIZ

Rundtour von Xanten über Sonsbeck und Alpen

Die für den Niederrhein außergewöhnlich hügelige Tour führt in die Umgebung der alten Römerstadt Xanten. Neben reichen Zeugnissen aus Geschichte und Kultur fasziniert auch die abwechslungsreiche Landschaft.

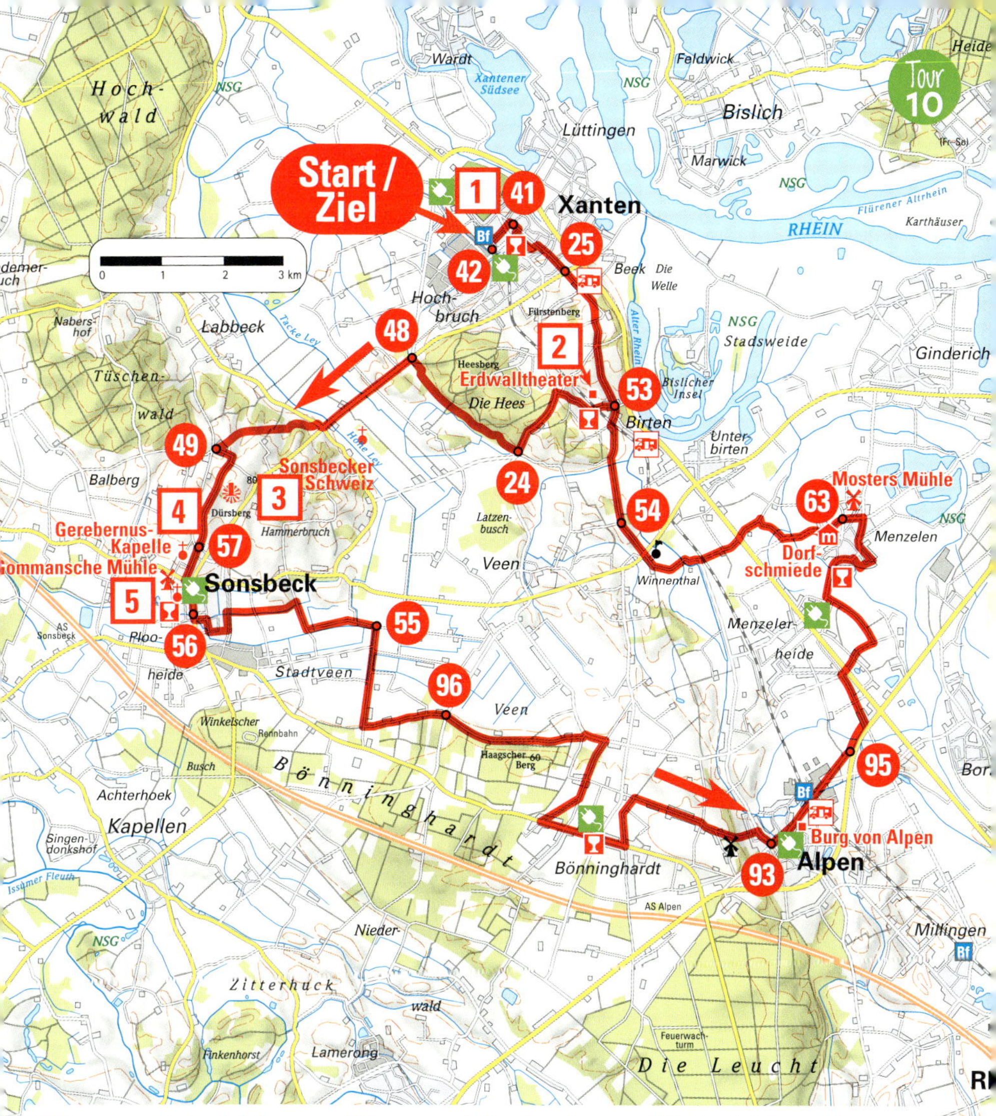

Was erwartet mich?

52,4 km, eine für den Niederrhein außergewöhnlich hügelige Tour und eine abwechslungsreiche Landschaft

Wie komm ich hin?

ÖPNV:
Bahnhof Xanten
Mit dem Auto:
A 57 Ausfahrt Alpen, über B 58 und B 57 nach Xanten, dort Bahnhofstraße.

Was muss ich sehen?

1 **Archäologischer Park** und **Viktordom** in Xanten
2 **römisches Erdwalltheater** in Xanten-Birten
3 **Panoramablick** vom Aussichtsturm in der „Sonsbecker Schweiz"
4 **Gerebernus-Kapelle** in Sonsbeck
5 **Gommansche Mühle** in Sonsbeck

Wo tank ich auf?

Zum Amphitheater, Römerstraße 8, Xanten
Zur Linde, Herrenstraße 76, Sonsbeck
Heidehof Schmitt, Bönninghardter Str. 139, Alpen-Bönninghardt
Bauerncafé Restaurant Torenhof, Bernshuck 1, Alpen-Menzelen
Restaurant zur Börse, Markt 12, Xanten

Kartentipp: **ADFC Regionalkarte Niederrhein Nord**

TOURSTART

*Sie starten in Xanten am Bahnhof. Der Bahnhof verfügt nur über ein Bahnsteiggleis und ist stufenlos erreichbar. Sie brauchen Ihr E-Bike keine Treppen hinauf oder herunter zu tragen. Vom Bahnhof radeln Sie zum **Knotenpunkt** 41 und weiter nach Süden zum **Knotenpunkt** 25. Dort steigt die Route in Richtung 53 an zum Fürstenberg, dessen Scheitel Sie auf 68 Metern Höhe erreichen. Die kleine Straße führt als Kastanienallee entlang an einem Naturschutzgebiet mit einzelnen Bauernhöfen und Viehweiden. Nach knapp anderthalb Kilometern ist die Anhöhe geschafft und Sie können sich auf eine zügige Talfahrt freuen.*

In Birten auf dem **Fürstenberg** gründeten die Römer um 15 v. Chr. ihr Legionslager Vetera, das als Ausgangspunkt für Feldzüge in das rechtsrheinische Germanien genutzt wurde. Von hier brachen auch Legionen auf, die in der Varusschlacht 9 nach Christus nahe dem heutigen Bramsche bei Osnabrück vernichtend geschlagen wurden. Bis zum Jahr 70 n. Chr. waren hier dauerhaft 8.000 bis 10.000 Legionäre stationiert. Dann wurde das Lager im Zuge des Bataveraufstands zerstört. Ein neues Legionslager wurde anschließend im Gebiet der Bislicher Insel errichtet.

Von den römischen Militärlagern ist nur noch das 2 **Erdwalltheater** erhalten, das heute als Freilichtbühne genutzt wird. Hier sollen im 4. Jahrhundert der heilige Viktor und seine Gefährten als Angehörige der Thebäischen Legion den Märtyrertod erlitten haben.

*Über den **Knotenpunkt** 24 zum **Knotenpunkt** 48 umfahren Sie das Waldgebiet „Die Hees", in dem im Zweiten Weltkrieg eine Munitionsanstalt der Luftwaffe untergebracht war.*

1948 wurden Munitions- und Zünderlagerhäuser von den Alliierten gesprengt, Überreste sind im Bereich dieses militärgeschichtlichen Bodendenkmals noch heute zu finden. Da sich im Boden noch immer Munitionsreste befinden, sollten Wanderer in diesem Gebiet die Wege nicht verlassen.

*Sie steuern danach den **Knotenpunkt** 49 an. Nach Überqueren der Marienbaumer Straße steigt die Route wieder jäh an und es geht bis auf 80 Meter hoch hinauf in die **„Sonsbecker Schweiz"**. Auf dem Weg zum **Kno-***

__tenpunkt__ 57 geht es noch ein wenig aufwärts zu einem **3 Aussichtsturm**, *der den Blick auf ein großartiges Panorama der weiten, offenen, niederrheinischen Flussterassenlandschaft freigibt. Bei der anschließenden Talfahrt radeln Sie weiter zum __Knotenpunkt__ 56.*

Römerturm in Sonsbeck

Wenn Sie die ersten Häuser von Sonsbeck erreichen, steht gleich links der sogenannte **„Römerturm"**. Der runde Mühlenstumpf, ein Backsteinbau von 1417, ist der Überrest einer ehemaligen gräflich-klevischen Mühle. Sie steht an der Stelle, an der seit mindestens 1319 eine Mühle gestanden hatte und war bis 1836 als Mühle in Betrieb. Der Name „Römerturm" erinnert daran, dass hier die Römer einen Wachturm zur Sicherung ihrer Heerstraße von Xanten nach Venlo errichtet hatten.

Gerebernus-Kapelle in Sonsbeck

Auf dem Gelände des nahen Altersheimes befindet sich die **4 Gerebernus-Kapelle**. Sie ist einem irischen Märtyrer aus der Zeit des 6./7.Jahrhunderts gewidmet, dessen Reliquien um 1200 nach Sonsbeck gelangt sein sollen. 1478 wurde die Kapelle errichtet und 1784 der Gerebernus-Altar. Dieser ist ein seltener Kriechaltar. Der aus Blaustein gefertigte Altarblock ist mit einem Durchlass unterhalb des Altartisches versehen. Hier

krochen die Pilger hindurch. Im Steinboden sind Rillen zu sehen, die von den Spitzen der Holzschuhe der Pilger im Laufe der Zeit hineingeschliffen wurden.

Wo die Route einen Linksknick in die Balberger Straße vollführt, lohnt ein kleiner Abstecher nach rechts zur 5 **Gommanschen Mühle**. Diese Windmühle wurde wahrscheinlich 1870 auf dem Gelände einer ehemaligen Burg der Grafen von Kleve errichtet, die 1641 zerstört worden war. Bis 1935 war die Mühle in Betrieb.

Unweit davon erinnert die **kulturhistorische Anlage „Auf der Mauer"** an die mittelalterliche Stadtbefestigung in Sonsbeck, deren Bau 1420 abgeschlossen wurde. Im Dreißigjährigen Krieg, im Spanischen Erbfolgekrieg (1701-1714) und im Siebenjährigen Krieg (1756-1763) wurde die Stadtbefestigung zerstört. Der ehemalige Verlauf von Stadtmauer, Stadtgraben und Pesthäuschen ist durch die vielfach noch vorhandenen unterirdischen Mauerfundamente belegt.

Die dreischiffige, 1431 geweihte gotische **Pfarrkirche St. Maria-Magdalena** birgt in ihrem Innern wertvolle Kunstschätze: einen spätgotischen Tabernakel aus Sandstein aus dem frühen 16. Jahrhundert, einen Taufstein aus Granit aus dem 14. Jahrhundert, eine Anzahl spätgotischer Holz- und Steinplastiken und eine feine Holzplastik einer thronenden Madonna aus der Zeit um 1450.

*Von Sonsbeck fahren Sie über die **Knotenpunkte** 55, 96 und 93 durch eine ehemalige Moorlandschaft (Veen) weiter in Richtung Alpen.*

Bild links:
Gommansche Mühle
in Sonsbeck

Bönninghardtsche Mühle
in Alpen

Berge dürfen Sie auf dieser Etappe allerdings nicht erwarten, nur einmal am „Haagschen Berg" gibt es eine leichte Steigungsstrecke. Am Ortsrand von Alpen sehen Sie die **Bönninghardtsche Mühle**, eine Turmwindmühle, die 1865 erbaut wurde.

*Durch Alpen radeln Sie zum **Knotenpunkt** 95.*

Dabei passieren Sie den Burghügel. Die **Burg von Alpen** wurde bereits um 1200 urkundlich erwähnt. Als Motte war sie auf einem künstlichen Hügel angelegt. Bedeutendste Schlossbewohnerin war die Kurfürstin Amalia (1539–1602), Pfalzgräfin bei Rhein, Herzogin in Bayern, geborene Gräfin zu Neuenahr und Limburg, Frau zu Alpen. Sie wurde in der Burg Alpen geboren und ist dort auch gestorben.

Naturdenkmal Hainbuche bei Sonsbeck

Mosters Mühle in Menzelen

Als die Burg durch ein Erdbeben im Jahre 1758 stark beschädigt worden war, zerfielen die Gebäude. 1809, zur Zeit der französischen Besatzung, wurde die Motte abgetragen und das Material zum Bau einer Straße verwendet. Zum Ende des Zweiten Weltkrieges wurde ein Luftschutzbunker in den Mottenhügel gegraben. Später verwilderte das Gelände. Seit 2018 wird die Motte Alpen als Projekt der Europäischen Kommission saniert.

Sie verlassen Alpen nach Norden in Richtung auf den ***Knotenpunkt* 63**.

Im Ortsteil Menzelen passieren Sie die **Windmühle Mosters Mühle**. Der Durchfahrtholländer mit Steert und Segelgatterflügeln wurde 1865 erbaut und 1870 mit einer zusätzlichen Dampfmaschine ausgestattet. Mit Windbetrieb wurde bis 1927 gemahlen, ohne noch bis in die 1970er Jahre. 2009 wurde sie renoviert.

Anschließend nehmen Sie Kurs auf den ***Knotenpunkt*** .

Noch in Menzelen passieren Sie die alte Dorfschmiede, die inzwischen vom Verein für Brauchtum

Reisemobilstellplätze an oder nahe der Route

Womo-Park Xanten, Fürstenberg 6, Xanten

Wohnmobilstellplatz Xanten-Birten, Zur Wassermühle 58, Xanten

Wohnmobilstellplatz an der Motte, Burgstraße 66, Alpen

E-Bike Ladestationen an oder nahe der Route

LVR-Römer Museum
Trajanstr. 10, Xanten
Tourist Information Xanten
Bahnhofstraße, Xanten

Café Lensing
Hochstraße 48, Sonsbeck

Parkplatz Waldspielplatz Bönninghardt
Bönninghardter Str. 116, Alpen

Rathaus Alpen
Rathausstraße 5, Alpen

Hotel Burgschänke
Burgstr. 34, Alpen

Sportplatz SV Menzelen
Neue Str. 2, Alpen

und Geschichte als kleines Museum betrieben wird. Kernstück ist die wiederhergestellte Transmissionsanlage und die Feuerstelle, die zu Vorführungen angeheizt wird.

*Vor dem **Knotenpunkt** 54 passieren Sie Haus Winnenthal.*

In der ersten Hälfte des 14. Jahrhunderts erbaut, war die **Wasserburg** von besonderer strategischer Bedeutung im Grenzgebiet zwischen dem Klever und dem Kurkölner Gebiet. 1839 wurde ein Teil der damaligen Gebäude abgerissen und die Anlage landwirtschaftlich genutzt. Im Zweiten Weltkrieg schwer zerstört und wiederaufgebaut, wird sie heute als Seniorenheim **Burg Winnenthal** genutzt.

Haus Winnenthal

*Vom **Knotenpunkt** 54 radeln Sie über die **Knotenpunkte** 53 (Birten und der Fürstenberg), 25 und 41 zu Ihrem Ausgangspunkt, dem Bahnhof Xanten (**Knotenpunkt** 42) zurück.*

Die Stadt Xanten lohnt eine ausgiebige Besichtigung, siehe **Ortsporträt Xanten** (S. 94).

Alte Mühle in Dingden

ZWISCHEN WESEL UND HAMMINKELN

Eine Rundtour von Wesel über Hamminkeln und Krudenburg

Die Route führt durch die Landschaft nördlich von Wesel, die schon vom angrenzenden Münsterland geprägt ist. Grüne Wiesen und Felder wirken beruhigend und obendrein gibt es einiges zu entdecken. Kein Wunder, dass hier der pazifistische Maler Otto Pankok seine Heimat gefunden hatte. Wesel mit seiner durch das preußische Militär geprägten Geschichte setzt da einen markanten Kontrapunkt.

Was erwartet mich?

63 km, eine weitestgehend ebene Tour auf teils asphaltierten, teils naturbelassenen Wirtschaftswegen. Das Stadtzentrum von Wesel wird überwiegend auf ruhigen Nebenstraßen durchquert.

Wie komm' ich hin?

ÖPNV:
Hauptbahnhof Wesel

Mit dem Auto:
A 3 Ausfahrt Wesel, B 58, in Wesel: Kaiserring

Was muss ich sehen?

1. **Otto Pankok-Museum** Haus Esselt in Drevenack
2. **Wasserschloss Ringenberg** in Hamminkeln
3. **Zitadelle** in Wesel

Wo tank' ich auf?

Landgasthof Majert
Weseler Str. 88,
Hamminkeln-Brünen

Gasthof Küpper
Weberstraße 21,
Hamminkeln-Dingden

Biergarten Rheinpromenade
Rheinpromenade 12, Wesel

Kartentipp: **ADFC Regionalkarte Niederrhein Nord und radrevier.Ruhr West**

TOURSTART

Sie starten in Wesel am Hauptbahnhof. Der Bahnhof verfügt über Aufzüge. Sie brauchen Ihr E-Bike keine Treppen hinauf oder herunter zu tragen.

*Vom Bahnhof fahren Sie über die **Knotenpunkte** 30 und 29 auf der Römer-Lippe-Route zur 26.*

Im Ortsteil Fusternberg liegt etwas südlich der Route das vom Berliner klassizistischen Architekten Karl Friedrich Schinkel entworfene **Schill-Denkmal**. Es erinnert an die 1809 in Wesel durch die napoleonische Armee auf der Lippewiese standrechtlich erschossenen elf Offiziere des Schill'schen Regiments. Major Ferdinand von Schill hatte sich mit seinem Regiment gegen Napoleon erhoben und war bereits am 31. Mai 1809 in Stralsund hingerichtet worden.

*An der Weggabelung folgen Sie den Schildern Richtung **Knotenpunkt** 25. Nach einer Linkskurve biegen Sie vor dem **Knoten** 25 rechts ab zum **Knoten** 24.*

Hier lohnt sich ein kurzer Abstecher nach rechts zum ehemaligen **Treidelschiffer-Dorf Krudenburg** (**Knotenpunkt** 68) an der Lippe (s. Tour 13).

*Diese Tour führt nun aber geradeaus und in Drevenack links Richtung **Knoten** 23.*

Das zweischiffige Backsteingebäude der evangelischen Kirche wurde im 15. Jahrhundert errichtet. Der Westturm und Teile der Kirche stammen aus der Mitte des 12. Jahrhunderts. Der Taufstein von 1717 ist aus Baumberger Sandstein, der westlich von Münster gefördert wurde.

*Vom **Knoten** 23 geht es rechts zum **Knotenpunkt** 22 und links zur 13. Hier links, geradeaus bis Voshövel und vom Postweg links in die Alte Raesfelder Straße zum **Knotenpunkt** 9.*

Gleich hinter dem **Knotenpunkt** 13 finden Sie am Weg **„Zum Teufelsstein"** einen imposanten zwei Meter hohen Felsblock aus Tertiärquarzit, eine mehr als eine Million Jahre alte Sandsteinformation, die eine völlig andere Entstehungsgeschichte aufweist als eiszeitliche Findlinge. Um diesen Stein rankt sich eine Legende, wonach der Teufel den Stein von den Testerbergen süd-

lich der Lippe gen Norden geschleudert haben soll. Die Löcher in den Seiten des Steins stammten danach von den Krallen des Teufels.

Sie radeln weiter nach rechts zum ***Knotenpunkt*** *8 in Brünen.*

Otto-Pankok-Museum

Dabei passieren Sie **Haus Esselt**, in dem der **Maler und Bildhauer Otto Pankok** zwischen 1958 und 1966 seine letzten Lebensjahre verbrachte.

Sein Lebenswerk umfasst über 6000 Kohlezeichnungen, fast 800 Holzschnitte, über 800 Radierungen, ungefähr 500 Lithographien, Steinschnitte und Monotypien, zahlreiche Zeichnungen für die Düsseldorfer Zeitung „Der Mittag" und über 200 Plastiken. Pankok gilt als einer der radikalen Künstler der modernen Malerei. Um seinen Motiven gerecht zu werden, lehnte er es ab, sich der Darstellung des äußerlich Schönen in der Malerei und den geforderten Stilrichtungen seiner Zeit anzupassen. Schon früh verbannte er auch die Farbe aus seinem Werk. Der Erste Weltkrieg hatte Pankok traumatisiert und seine frühe humanistische Einstellung verstärkte sich zu einem lebenslangen Pazifismus, der auch in seinen Werken Ausdruck fand.

Pankoks 1933 begonnener Zyklus: „Die Passion" steht unter dem Eindruck der Machtübernahme Hitlers und der Nazis. 60 Bilder, die das Leben und Tod von Jesus darstellen. Die Darstellung des Heilands erinnert an die Gesichter der Juden und Zigeuner, die Pankok malte. Der gezeichnete Leidensweg Christi ist der Leidensweg des Menschen. Seine Schmerzen werden hier nicht nur im biblischen Sinne zum menschlichen Leiden. Pankoks Holzschnitt **„Christus zerbricht das Gewehr"** aus dem Jahr 1950 wurde für die deutsche Friedensbewegung vor allem in den 1980er Jahren zum Symbol.

Neben dem Wohnhaus liegt das ehemalige Wirtschaftsgebäude, in dem sich bis 2018 das 1 **Otto-Pankok-Museum** und auch das **Otto-Pankok-Archiv** befanden. Nach aufwändigen Sanierungsarbeiten wurde für Ende 2022 die Neueröffnung angekündigt.

Dingden

Von Brünen folgen Sie zunächst den Schildern zum ***Knoten*** *21, unsere Tour biegt aber in Dingden auf der Krechtinger Straße links (und nicht rechts) ab und erreicht über zwei Kreisel hinweg kurz vor den Bahnschienen den* ***Knotenpunkt*** *3.*

In der bäuerlich geprägten Landschaft ducken sich Kühe im Schatten der Bäume. Alte Höfe liegen am Weg und auf den Feldern wird das frische Gemüse für die Bewohner des nahen Ruhrgebietes geerntet.

Im Bereich Küningsmühle säumen Wallhecken den Weg, der später für einige hundert Meter an einem Bach entlang führt.

Im Zentrum von Dingden zeigt das **„Heimathaus"** in einem Ziegelgebäude mit Krüppelwalmdach aus dem 19. Jahrhundert Exponate aus Handwerk und bäuerlichem Leben vergangener Zeiten.

Gaststätten laden zu einer Radelpause ein. Auch lohnt sich ein kleiner Rundgang durch das Dörfchen mit seinem schönen alten Ortskern und schmucken, kleinen Häusern im Schatten der Kirche. Der Turm der katholischen **St.-Pankratius-Kirche**, der das Dorf überragt, stammt aus dem 12. Jahrhundert und weist die Formen der rheinischen Romanik auf. Der Turm diente der Bevölkerung in Kriegszeiten als Zufluchtsstätte und Lagerraum. 1945 überstand er das Bombardement des Kirchenschiffes.

Sie radeln weiter über den ***Knotenpunkt*** *2, links, durch Ringenberg und die A3 querend zum* ***Knotenpunkt*** *4 am Bahnhof von Hamminkeln.*

Über den Kranendeich radeln Sie durch die von Wassergräben durchzogene Felderlandschaft des **Naturschutzgebietes Isselniederung** zum 2 **Schloss Ringenberg**.

Das Wasserschloss geht auf eine Burg aus dem 13. Jahrhundert zurück, die in diesem Grenzgebiet die Grafschaft Kleve gegen das Kurfürstentum Köln und das Fürstbistum Münster schützen sollte.

Während des Achtzigjährigen Krieges von 1568 bis 1648 zwischen den nach Unabhängigkeit strebenden Niederländern und der spanischen Besatzungsmacht, der auch auf dem Gebiet des Niederrheins geführt wurde, beschädigten spanische Soldaten die Burg, bevor niederländische Truppen sie 1629 einnahmen und 1635 endgültig zerstörten. In einem Bericht aus dem Jahre 1648 wurde sie als „gäntzlich ruinirt und demolirt, auch gantz und gar zum Steinhauffen verfallen" beschrieben.

Schloss Ringenberg

Der niederländische Oberst und Landdroste Jakob von Spaen und sein Bruder, der brandenburgische Generalfeldmarschall Alexander von Spaen, ließen auf den Ruinen das heutige Wasserschloss errichten. Die Wetterfahne auf dem Schlossdach benennt das Jahr 1661 als Ende der Bauarbeiten. In der zweiten Hälfte des 19. Jahrhunderts verfiel das Schloss und bei den Kampfhandlungen am Ende des Zweiten Weltkrieges wurde der nordöstliche Gebäudeflügel schwer zerstört. Sein Besitzer Maximilian von Plettenberg ließ weitläufige Gärten um das Schloss anlegen und vermietete einen Teil des Gebäudes an den Kunstverlag „Der Kreis".

Willibrordi-Dom in Wesel

1989 erwarb die Gemeinde Hamminkeln das Schloss und ließ es aufwändig restaurieren als originalgetreue Wiederherstellung der Anlage des 17. Jahrhunderts. Heute ist dort ein **Atelierzentrum der Derik-Baegert-Gesellschaft** mit elf Ateliers für junge Künstler und ein Restaurant untergebracht. Eine Innenbesichtigung ist nicht möglich, allerdings lohnt ein Gang durch die Gartenanlagen, um das Wasserschloss von seiner schönsten Seite, von Süden her zu betrachten.

Nahe dem Schloss erinnert ein Gedenkstein an die Familie Moses und Isaak Marchand, die 1942 in Theresienstadt und Maidanek ermordet wurde.

*Vom Bahnhof Hamminkeln folgen Sie den Schildern zum **Knotenpunkt** 5.*

Dabei passieren Sie die **Windmühle „Weßling"**. Die Mühle wurde Anfang der 1930er Jahre auf elektrischen Antrieb umgestellt, bis 1989 auch noch zum Mahlbetrieb und später als Getreidelager genutzt. Später wurde sie zu einem Wohngebäude umgebaut.

*Sie radeln weiter zum **Knoten** 6.*

Wenn Sie am **Knoten** 5 rechts durch die Brüner Straße und dann Marktstraße fahren, lohnt die evangelische Kirche aus dem 15. Jahrhundert mit ihrem beeindruckenden Christopherus-Fresko im Innern einen kurzen Besuch.

*Unsere Tour führt weiter über den **Knotenpunkt** 11 zur 33 in Diersfordt.*

Reisemobilstellplätze an oder nahe der Route

Wohnmobilstellplatz Römerwardt
Rheinpromenade, Wesel

Am westlichen Rand des Diersfordter Forstes liegt das **Wasserschloss Diersfordt** in einem schönen Landschaftspark. Das einstmals stolze Schloss im Stil des Spätbarocks brannte 1928 vollkommen aus und wurde ab 1929 stark vereinfacht neu errichtet. Lediglich ein Gebäude der Vorburg blieb erhalten. Heute dient das Schloss als Heimatmuseum und Hotel.

Besonders sehenswert ist die kleine **Diersfordter Schlosskirche**, ein freistehendes Backsteingebäude mit

Wasserschloss Diersfordt

halbrunder Apsis im Stil des Spätbarocks. Ihre Turmspitze zeigt eine aus getriebenem und vergoldetem Kupfer gefertigte Sonne, eine Symbolik, die sich im Rheinland nur noch selten findet.

*Über den **Knotenpunkt** 32 radeln Sie weiter zum **Knotenpunkt** 31 in Wesel.*

Sie erreichen den Flürener Altrhein und können hinter dem gegenüberliegenden Rheinufer die Türme des Xantener Domes erspähen. Die Route verläuft weiter auf dem Rheindeich mit schönen Aussichten auf das Freizeitgebiet Auesee. An der Rheinpromenade lädt der Schaufelraddampfer „River Lady" wochentags zu einer Schiffstour ein und auf einer 2,5 Kilometer langen Etappe entlang des Flusses genießen Sie schöne Blicke auf die Niederrhein-Landschaft und sehen den zahlreichen großen Frachtschiffen zu, die Waren in beide Richtungen transportieren.

Hinter den Überresten der im Zweiten Weltkrieg zerstörten alten Rheinbrücke führt die Route zum **Willibrordi-Dom**. Die spätgotische Basilika mit fünf Kirchenschiffen wurde zwischen 1498–1540 erbaut.

Vom **Knotenpunkt** 31 lohnt ein kurzer Abstecher zur 3 **Zitadelle**. Die Zitadelle Wesel ist eine der größten erhaltenen Festungsanlagen des Rheinlands und wurde zwischen 1688 und 1722 errichtet und war der Kern der Festung Wesel. Als bedeutende kaiserliche Garnisonstadt Wesel beherbergte sie einst vier preußische Regimenter. Heute wird die Zitadelle als **Kulturzentrum** und **Museum** genutzt.

Mehr Informationen zu den Sehenswürdigkeiten in der Stadt finden Sie im **Stadtporträt Wesel** (S. 114).

*Über die **Knoten** 29 und 30 erreichen Sie den Hauptbahnhof, Ihren Ausgangspunkt.*

E-Bike Ladestationen an oder nahe der Route

Stadtinformation Wesel
Großer Markt 11, Wesel
E-Bike Ladestation Waldrestaurant Hohe Mark
Am Reitplatz 9, Wesel
Landhaus-Café
Landwehr 2, Hünxe-Drevenack
Café Winkelmann
Bocholter Str. 2, Hamminkeln-Dingden
E-Bike Ladestation am Rathaus Hamminkeln
Brüner Straße 9, Hamminkeln
Café Winkelmann
Diersfordter Str. 6, Hamminkeln
Obstkelterei van Nahmen GmbH & Co. KG
Diersfordter Str. 27, Hamminkeln

WESEL

Die Stadt ist vor allem geprägt durch ihre militärische Vergangenheit vom 17. bis ins 20. Jahrhundert. Im Spätmittelalter war Wesel noch eine bedeutende Handelsstadt und wurde 1407 in die Hanse aufgenommen.

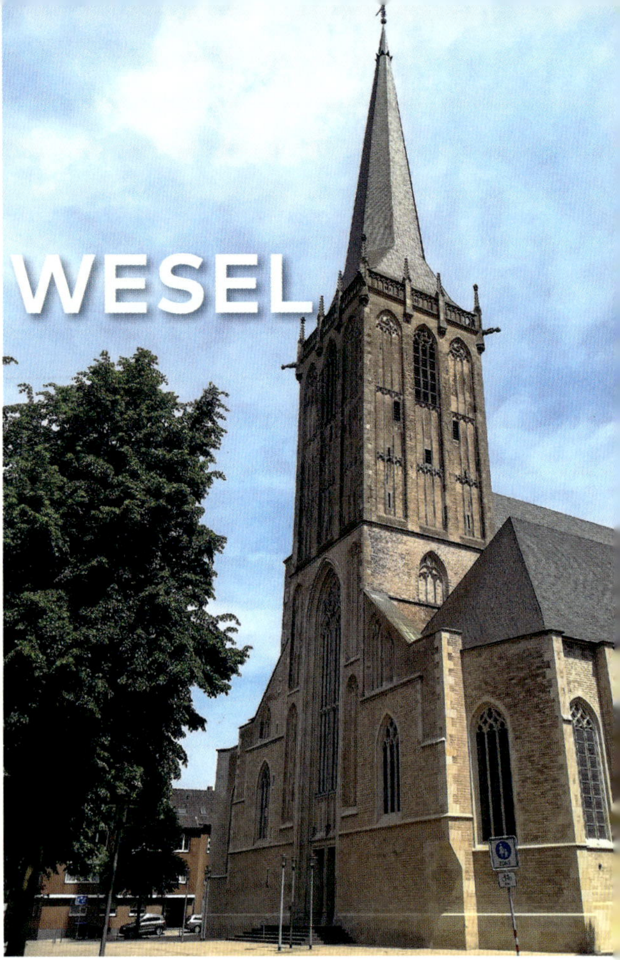

Willibrordi-Dom

Zitadelle

Aus dieser Zeit stammt das historische Rathaus, dessen im Zweiten Weltkrieg zerstörte Fassade rekonstruiert wurde.

Der evangelische **Willibrordi-Dom** am Großen Markt wurde im 16. Jahrhundert als spätgotische Basilika mit fünf Kirchenschiffen errichtet.
Der Turm wurde 1478 erbaut.

1609 fiel Wesel mit dem Herzogtum Kleve an die Kurfürsten von Brandenburg, wurde jedoch während des Achtzigjährigen Krieges (1568 bis 1648) zunächst von Spaniern besetzt und 1629 von niederländischen Truppen erobert. Im Niederländisch-Französischen Krieg zogen 1672 französische Truppen ein und hielten die Stadt bis 1680 besetzt.

Unter dem brandenburgischen Kurfürsten Friedrich Wilhelm wurde Wesel schließlich zu einer Festung ausgebaut und ein System von Gräben und Bastionen um die Stadt errichtet. Die **Zitadelle Wesel** wurde zwischen

1688 und 1722 in Form eines fünfzackigen Sternes angelegt, wobei jede Zacke eine Bastion darstellte.

Die Zitadelle bildete den Kern der Festung Wesel. Heute wird die Zitadelle als Kulturzentrum, unter anderem für das LVR-Niederrheinmuseum Wesel und für einem Teil für des Städtischen Museums Wesel genutzt.

Haupttor der Zitadelle

Im Dezember 1805 trat Preußen Wesel an Napoléon ab und die Stadt wurde 1808 als rechtsrheinischer Brückenkopf dem Kaiserreich Frankreich angeschlossen. Am 16. September 1809 wurden hier elf Offiziere des Schillschen Regiments hingerichtet, das gegen die französische Besatzung Preußens gekämpft hatte. Noch heute erinnert ein Denkmal im Süden der Stadt an sie.

Berliner Tor

Während des Ersten Weltkrieges zogen von Wesel, als militärischem Sammelpunkt, Truppen an die Westfront. Mit der Entmilitarisierung des Rheinlands, als Folge des Versailler Vertrages, wurde Wesel nach dem Krieg als Militärstützpunkt aufgegeben und die Befestigungsanlagen zerstört.

Während des Zweiten Weltkrieges wurde Wesel durch alliierte Bombenangriffe und Granatbeschuss am 16., 17. und 19. Februar 1945 fast vollständig zerstört. Die Rhein- und Lippebrücken wurden von Angehörigen der deutschen Wehrmacht gesprengt. Am 23. März wurde Wesel zur Vorbereitung der Operation Plunder, der Rheinüberquerung der Alliierten, erneut bombardiert und von über 3.000 Geschützen unter Feuer genommen. 97 Prozent des Stadtgebiets wurden zerstört.

Zu den wenigen erhaltenen Sehenswürdigkeiten zählt neben der Zitadelle und dem Willibrordi-Dom das **Berliner Tor**, das ehemalige östliche Tor der Stadtbefestigung. Es wurde 1718 bis 1722 vom Festungs- und Hofbaumeister Jean de Bodt im Stil des preußischen Barock erbaut.

Tour 12 Länge 56 km

Hotel-Restaurant „Wacht am Rhein“

ZWISCHEN RHEIN UND RUHRGEBIET

Rundtour von Wesel über Orsoy und Büderich

Die an Panoramen reiche Tour führt von der Festungsstadt Wesel entlang des Rheins nach Süden durch malerische Rheinauen bis an den Rand der von der Stahlindustrie geprägten Stadt Duisburg.

Was erwartet mich?

56,2 km, eine ebene, Panoramen reiche Tour auf teils asphaltierten, teils naturbelassenen Wegen entlang des Rheins mit seiner Auenlandschaft und der Industriekulisse im Hintergrund.

Wie komm' ich hin?

ÖPNV:
Bahnhof Wesel
Mit dem Auto:
A 3 Ausfahrt Wesel, B 58, in Wesel: Kaiserring

Was muss ich sehen?

1 **Zitadelle** in Wesel
2 **Altstadt mit Stadtmauer** in Rheinberg-Orsoy

Wo tank' ich auf?

Rheinwacht
Dammstraße 46,
Voerde (Niederrhein)
Walsumer Hof
Rheinstraße 16, Duisburg
Hotel-Restaurant Wacht am Rhein
Rheinallee 30,
Wesel-Büderich

Kartentipp: **ADFC Regionalkarte Niederrhein Nord**

TOURSTART

Sie starten in Wesel am Hauptbahnhof. Der Bahnhof verfügt über Aufzüge. Sie brauchen Ihr E-Bike keine Treppen hinauf oder herunter zu tragen.

Vom Bahnhof radeln Sie zum ***Knotenpunkt 31****.*

Die 1 **Zitadelle** war einst der Kern der mächtigen Festung Wesel. Auf Anordnung des brandenburgischen König Friedrich Wilhelm wurde Wesel zu einer Festung ausgebaut und ein System von Gräben und Bastionen um die Stadt errichtet. Die Zitadelle, eine der größten erhaltenen Festungsanlagen des Rheinlands, wurde zwischen 1688 und 1722 errichtet. Heute dient die Zitadelle als **Kulturzentrum** und beherbergt u.a. das **LVR-Niederrheinmuseum**. (Eine ausführlichere Beschreibung lesen Sie im **Ortsporträt Wesel**, Seite 114).

Zitadelle in Wesel

Rheinvorland zwischen Mehrum und Emmelsum

*Über den **Knotenpunkt** 65 an der Rheinbrücke radeln Sie nach links über die **Knotenpunkte** 64 und 67 zum **Knotenpunkt** 89.*

Sie überqueren dabei zuerst die Lippe und anschließend den Wesel-Datteln-Kanal. Dieser 60 km lange Schifffahrtskanal verläuft parallel südlich der Lippe durch das nördliche Ruhrgebiet und verbindet den Rhein mit dem Dortmund-Ems-Kanal am Wasserstraßenkreuz Datteln. Er ist die nach dem Rhein meistbefahrene Wasserstraße Deutschlands. Die **Schleuse Friedrichsfeld** reguliert den Kanal gegenüber dem Rhein. Die große Schleuse wurde 1930 mit der Errichtung des Kanals eröffnet. Sie hat eine Länge von 220 und eine Breite von 11,84 Metern.

Anschließend streifen Sie das **Naturschutzgebiet Rheinvorland** zwischen Mehrum und Emmelsum, das der Erhaltung, Wiederherstellung und Entwicklung einer naturnahen Rheinaue mit zahlreichen auentypischen Biotopstrukturen und Lebensgemeinschaften dient.

Götterswickerhamm

*Nach rechts radeln Sie in Rheinnähe weiter zum **Knotenpunkt** 86.*

In **Götterswickerhamm**, einem der ältesten Ortsteile der Stadt Voerde (Niederrhein), finden Sie Restaurants an der Rheinpromenade.

*Weiter geradeaus fahren Sie vorbei am 2017 stillgelegten Kohlekraftwerk Voerde und über den **Knotenpunkt** 85 zum **Knoten** 3.*

Hier überqueren Sie die Emscher. Der Fluss galt noch Mitte des zwanzigsten Jahrhunderts als die „Kloake des Ruhrgebietes". Als offenes Abwassersystem der Bergbauregion war die Emscher stark geruchsbelastet.

Mit dem Ende des Bergbaus wurde mit der Renaturierung des Flusses begonnen. 2014 würdigte die UNO die Umgestaltung des Emschertals als „Beispiel für ein partizipatives Öko-Großprojekt".

*Unsere Tour führt nun über den **Knotenpunkt** 4 zur 20. Dort nehmen Sie die Fähre zum anderen Rheinufer (**Knotenpunkt** 5) in Orsoy.*

Rheinaue Walsum

Dieser Tourenabschnitt führt durch das **Naturschutzgebiet Rheinaue Walsum**. Die Landschaft wird von Hecken und den typisch niederrheinischen Kopfbäumen geprägt und bietet zahlreichen vom Aussterben bedrohten Tier- und Pflanzenarten eine Heimat.

Am **Knotenpunkt** 20 bildet die Duisburger Industriekulisse einen deutlichen Kontrast zur Auenlandschaft.

In der zweiten Hälfte des 19. Jahrhunderts wandelte sich die dörfliche Struktur Walsums durch die nach Norden expandierende Stahlindustrie und den Bergbau. 1903–1905 entstand der **Rheinhafen der Gute-Hoffnungs-Hütte Oberhausen** (heute Südhafen). 1913 begann die Kohleförderung auf Schacht Rhein 1/2 im Ortsteil Wehofen. 1939 nahm das Kohlekraftwerk zur Eigenversorgung des Kohlebergwerks seinen Betrieb auf und ging 1951 ans öffentliche Stromnetz. Derzeit sind noch immer zwei Kraftwerksblöcke in Betrieb.

Orsoy, heute ein Ortsteil von Rheinberg, wird noch zum Teil von einer 2 **mittelalterlichen Stadtmauer** umgeben. Der 18 Meter hohe **Pulverturm**, ein ehemaliger Mühlenturm, bildete einen Eckturm dieser Stadtmauer. Eine erste Stadtmauer wurde bereits um 1438 errichtet. Später besaß die Stadt zeitweise elf Türme und vier Stadttore.

Bürgerhaus in Orsoy

Von 1851 bis zum Zweiten Weltkrieg war die Stadt ein wichtiger Standort der Zigarrenproduktion. Zahlreiche Bürgerhäuser erinnern noch heute an diese Blütezeit der Stadt.

*Beim **Knoten** 5 biegen Sie rechts ab und fahren über den **Knotenpunkt** 6 zur 7.*

Der Raum Orsoy ist durch die höchsten Flussdeiche Europas gegen Rheinhochwasser geschützt. Das Rheinvorland im Orsoyer Rheinbogen ist Weideland, unterbrochen durch klein- und großflächige Stillgewässer und vereinzelte Baumreihen. Das Mosaik verschiedener Landschaftstypen bietet Amphibien und vielen Vogelarten einen geeigneten Lebensraum. Zum Überwintern finden sich Zugvögel wie arktische Gänse und Schwäne ein.

Reisemobilstellplätze an oder nahe der Route

Wohnmobilstellplatz Römerwardt

Rheinpromenade, Wesel

*Auf dem Deich geht es geradeaus weiter über die **Knotenpunkte** 99, 98, 91 und 90 zum **Knotenpunkt** 61 in Büderich.*

Büderich wurde wegen seiner strategischen Lage am Rhein ab dem 14. Jahrhundert befestigt und war vor allem im Dreißigjährigen Krieg und während des Spanischen Erbfolgekrieges stark umkämpft. Unter französischer und später preußischer Herrschaft wurde das Fort Blücher errichtet. Seine letzte Ruine dient heute als Winterquartier für Fledermäuse.

Der heutige Ort Büderich wurde in den Jahren 1815 bis 1822 als einheitliche städtebauliche Anlage geplant und errichtet. Die Bauten wurden als reine klassizistische Bauten im „Geiste der Berliner Schule" errichtet. Auf die Pläne zum Bau der beiden Kirchen nahm der Berliner Baumeister Karl Friedrich Schinkel persönlich Einfluss.

Am Rheinufer passieren Sie das Hotel-Restaurant „Wacht am Rhein", das 1890 errichtet und Mitte der 1990er Jahre renoviert wurde. Von hier aus überwachte der britische Premierminister Winston Churchill am 25. März 1945 zusammen mit dem amerikanischen Oberbefehlshaber General Dwight D. Eisenhower und dem britischen Generalfeldmarschall Bernard Montgomery den Rheinübergang der alliierten Streitkräfte.

Pulverturm in Orsoy

Sie radeln weiter geradeaus auf dem Deich zum ***Knotenpunkt*** *60.*

Diese gut zwei Kilometer lange Etappe über den Rheindeich verläuft direkt entlang des Flusses und gehört zu den schönsten Strecken am Niederrhein.

Nach rechts geht es nun zur Rheinbrücke, die Sie zum ***Knotenpunkt*** *65 hin überqueren.*

Von der **Rheinbrücke** aus können Sie einen weiten Blick über den Fluss werfen. Linker Hand sehen Sie die Pfeiler der ehemaligen Eisenbahnbrücke. Diese wurde am 10. März 1945 als letzte noch in deutscher Hand befindliche Brücke über den Rhein von der Wehrmacht gesprengt. 13 Tage später setzten britische Truppen mit Schwimmpanzern bei Wesel über den Rhein.

Unsere letzte Etappe führt geradeaus über den ***Knotenpunkt*** *31 an der* **Zitadelle Wesel** *zum* ***Knotenpunkt*** *30 am Hauptbahnhof, Ihrem Ausgangspunkt.*

E-Bike Ladestationen an oder nahe der Route

Stadtinformation Wesel
Großer Markt 11, Wesel

Restaurant zur Arche
Rheinpromenade 2,
Voerde-Götterswickerhamm

Café Restaurant Rheinwacht
Dammstraße 46,
Voerde- Götterswickerhamm

Hotel Restaurant Wacht am Rhein
Rheinallee 30,
Wesel-Büderich

Burg Dinslaken

Tour 13 Länge 62 km

AUF DEN WEGEN DER TREIDELSCHIFFER

Rundtour von Dinslaken über Kirchheller Heidesee und Hünxe

Die Lippe und später der Wesel-Datteln-Kanal als Lippe-Seiten-Kanal war und ist ein bedeutender Schifffahrtsweg zwischen dem Ruhrgebiet und dem Rhein. Die Tour führt auf historischen und grünen Wegen durch die niederrheinische Landschaft zwischen Kohlezeche und Kanal an den Grenzen von Ruhrgebiet und Münsterland.

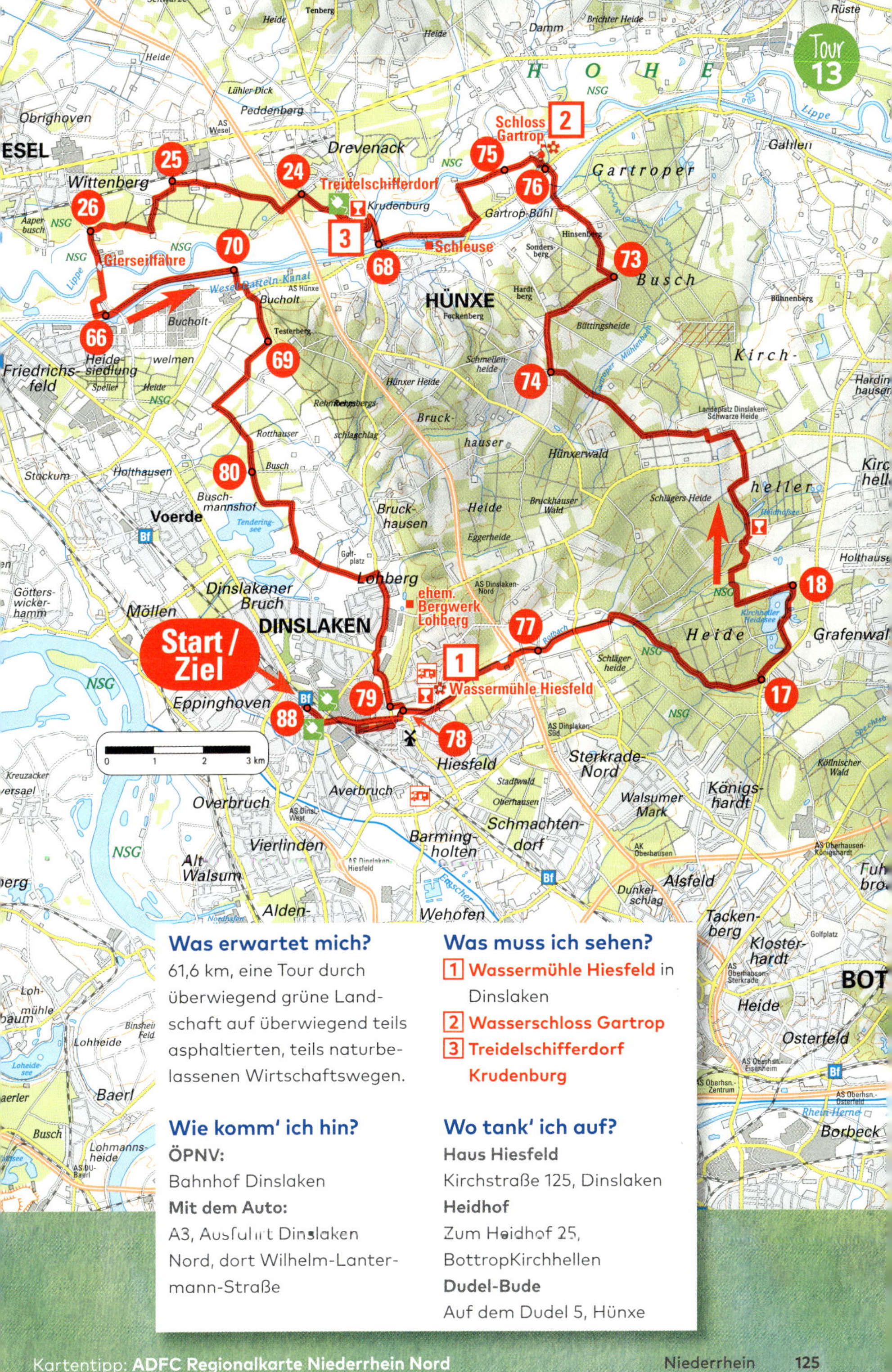

Was erwartet mich?

61,6 km, eine Tour durch überwiegend grüne Landschaft auf überwiegend teils asphaltierten, teils naturbelassenen Wirtschaftswegen.

Wie komm' ich hin?

ÖPNV:
Bahnhof Dinslaken

Mit dem Auto:
A3, Ausfahrt Dinslaken Nord, dort Wilhelm-Lantermann-Straße

Was muss ich sehen?

1 **Wassermühle Hiesfeld** in Dinslaken

2 **Wasserschloss Gartrop**

3 **Treidelschifferdorf Krudenburg**

Wo tank' ich auf?

Haus Hiesfeld
Kirchstraße 125, Dinslaken

Heidhof
Zum Heidhof 25, BottropKirchhellen

Dudel-Bude
Auf dem Dudel 5, Hünxe

Kartentipp: **ADFC Regionalkarte Niederrhein Nord**

TOURSTART

Sie starten am Bahnhof Dinslaken. Der Bahnhof verfügt über Aufzüge, so dass Sie Ihr E-Bike keine Treppen hinauf oder herunter zu tragen brauchen.

*Vom Bahnhof (**Knoten** 88) radeln Sie links über die Wilhelm-Lantermann-Straße über die nächste große Kreuzung geradeaus, unter den Bahnschienen her und hinter dem Fluss vor dem nächsten Rechtsbogen links zum **Knoten** 78 und geradeaus weiter zur 77.*

Wassermühle Hiesfeld in Dinslaken

Hinter dem **Knotenpunkt** 78 lohnt ein Besuch in der 1 **Wassermühle Hiesfeld**, an der sich ein großes mittelschlächtiges Wasserrad dreht.

Die Geschichte der Mühle ist eng mit dem Rittergut „**Haus Hiesfeld**" verbunden. Erstmals erwähnt wurde die Mühle im 14. Jahrhundert. Ursprünglich diente sie als Getreide- und Ölmühle, später als Lohmühle, in der Rinde zum Färben für die Lederindustrie gemahlen wurde. 1924 stellte die Wassermühle ihren Betrieb ein. Der Rotbach führte durch den Bergbau und Bodensenkungen oft zu wenig Wasser, um das Mühlrad zu betreiben. Der letzte Müller musste Konkurs anmelden.

Etwas abseits der Radroute befindet sich an der Sterkrader Straße 212 eine **Turmwindmühle**. Als Holländermühle besteht sie aus einem feststehenden konischen Turm aus Feldbrandziegeln mit einer drehbaren Mühlenhaube, aus der die Achse mit dem Flügelkreuz herausragt.

*Die Schilder führen Sie geradeaus über den **Knotenpunkt** 17 zum **Knotenpunkt** 18 am Kirchheller Heidesee.*

Der 34 Hektar große Baggersee steht wegen seiner an nährstoffärmere Verhältnisse gebundenen Unterwasserpflanzenvegetation unter Naturschutz. Das Baden ist dort nicht gestattet.

Wasserschloss Gartrop

Nach links geht es nun zum ***Knotenpunkt*** *74.*

Die Route führt durch die **Kirchheller Heide**, eine ausgedehnte Heide- und Waldlandschaft zwischen Bottrop im Süden und der Lippe im Norden. Dicht bewaldete Gebiete mit Kiefern, Eichen und Birken wechseln mit Freiflächen mit Wiesen, Buschland oder moorigen Feuchtgebieten. Da unter diesem Gebiet früher Kohle abgebaut wurde, kam es zu Bergsenkungen, wo Hohlräume eingestürzt und das Deckgebirge nachgesackt ist.

Dabei passieren Sie den **Heidhof**, einen ehemaligen Bauernhof, der zu einem wald- und umweltpädagogischen Zentrum für Kinder mit einem ausgedehnten Waldspielplatz gestaltet wurde. Hier finden Radler auch einen Kiosk mit Eis, Kuchen und Getränken für eine Verschnaufpause.

Vom ***Knotenpunkt*** *74 radeln Sie weiter durch den Hünxer Wald und den Gartroper Busch über die 73 zum* ***Knotenpunkt*** *76.*

Kurz vor dem **Knotenpunkt** 76 überqueren Sie den **Wesel-Datteln-Kanal**. Dieser 60 km lange Schifffahrtskanal verläuft parallel südlich der Lippe durch das nördliche Ruhrgebiet und verbindet den Rhein mit dem Dortmund-Ems-Kanal am Wasserstraßenkreuz Datteln. Er ist die nach dem Rhein meistbefahrene Wasserstraße Deutschlands.

Anschließend erreichen Sie das 2 **Wasserschloss Gartrop**.

Wassermühle des Schlosses Gartrop

Vor dem Schloss steht die alte **Schloss-Wassermühle**. Ihr ältester Teil, die Südwand am Mühlrad, wurde im 15. Jahrhundert aus mächtigen Steinquadern errichtet. Das übrige Ziegelmauerwerk stammt aus dem 18. und dem frühen 19. Jahrhundert. Der Gartroper Mühlenbach, der später in die Lippe fließt, trieb das eichene Mühlrad unterschlächtig, also von unten her an. 1955 wurde der Wasserbetrieb der Mühle eingestellt und elektrisch noch bis 1968 gemahlen. Ab 1909 bis in die 1950er Jahre versorgte hier ein Generator das Schloss mit Strom. Der Heimatverein Hünxe führt von April bis Oktober an jedem 3. Sonntag zwischen 11 und 17 Uhr die Mühle mit der Funktion des Mahlwerkes und Wasserrades vor.

Das Wasserschloss mit einem barocken Herrenhaus, einer Vorburg und zwei Torhäusern sowie einer Wassermühle ist von einem drei Hektar großen englischen **Landschaftsgarten** mit weitläufigen Wassergräben umgeben. Das weiß verputzte Herrenhaus ist im Stil des niederländischen Barocks gehalten. Die vier Flügel des Gebäudes umschließen einen engen Innenhof. Zur Landstraße ausgerichtet ist das Eingangstor, auf dessen zwei Pfeilern beinahe lebensgroße Sandsteinstatuen der Göttinnen Athene und Concordia von Anfang des 18. Jahrhunderts hocken, die Johann Wilhelm Gröninger zugeschrieben werden. Das Schloss dient nach aufwändigen Restaurierungsarbeiten im Jahr 2005 heute als Nobelhotel.

Unsere Tour führt nun am Schloss vorbei, über den ***Knotenpunkt*** *75 zur 68 und nach rechts durch Krudenburg zum* ***Knoten*** *24.*

Unterwegs passieren Sie die **Schleuse Hünxe**. Die 1923 erbaute große Schleuse ist 222 Meter lang, 11,85 Meter breit und hat an beiden Enden Hubtore. Die kleine Schleuse entstand zwischen 1965 und 1967. Sie ist 112 Meter lang und 11,62 Meter breit. Die Betätigung beider Schleusen erfolgt durch die Schleusenwärter in den Steuerständen vor Ort.

Die Route führt durch das alte [3] **Treidelschifferdorf Krudenburg**. Am Ortsanfang sehen Sie einen Turm der ehemaligen Stadtbefestigung und Teile der Stadtmauer. Das historische Ortsbild mit seinen dunklen Ziegelsteinbauten hat sich erhalten. Im Dorfleben spielt der traditionsreiche Schützenverein Krudenburg 1907 e.V. eine wichtige Rolle.

Turm der ehemaligen Stadtbefestigung in Krudenburg

Über Jahrhunderte wurde auf der Lippe getreidelt, das heißt, Segelschiffe wurden mit Pferden flussaufwärts gezogen. 1362 wurde der Fluss bei Wesel ausgebaut, um ihn besser befahren zu können. Transportiert wurden u.a. Holz, Salz, Steine sowie Waren aller Art zwischen dem Lipperland, Westfalen und dem Rheinland und bis weiter in die Niederlande. In Krudenburg gab es eine Station für Pferde und Pferdeführer, die auf den am Lippeufer angelegten Leinpfaden treidelten. Einträglich für den Ort war auch eine Brücke über den Fluss, für deren Benutzung ein Brückenzoll erhoben wurde. Nach 1850 machte die Eisenbahn den Lippeschiffern zunehmend Konkurrenz und ab 1876 gab es keine Handelsschiffe mehr auf der Lippe. 1931 wurde der Wesel-Datteln-Kanal als Lippe-Seiten-Kanal südlich des Flusses fertiggestellt.

Krudenburg

*Nach links gelangen Sie über die **Knotenpunkte** 25 (Achtung, vor dem **Knotenpunkt** biegen wir schon links ab) und 26 zum **Knoten** 66.*

Dabei überqueren Sie die Lippe mit Hilfe der **Fähre „Quertreiber"**, einer unbemannten Gierseilfähre mit Rudersystem. Bis zu sechs Personen mit Fahrrädern kann die Fähre transportieren. Die Fahrgäste müssen selbst die Fähre mit Ketten ans andere Ufer ziehen. Mit einem Rad lässt sich das Ruder betätigen und die Fähre steuern. Kompliziert ist das nicht. An Sommerwochenenden nutzen bis zu 750 Personen diese Lippefähre. Sie kann in der Zeit vom 15. April bis 14. Oktober während der hellen Tagesstunden und bei guter Sicht benutzt werden. Sollte Ostern vor dem 15. April liegen, so ist die Fähre ab Ostersamstag einsatzfähig. Die nächsten Brücken über die Lippe sind im Westen in Wesel und im Osten zwischen Drevenack und Hünxe.

Reisemobilstellplätze an oder nahe der Route

Wohnmobilstellplatz am Rotbachsee
Am Freibad, Dinslaken
Wohnmobilstellplatz WoMoPark-Niederrhein
Holtener Straße 145a, Dinslaken

*Nun geht es vom **Knotenpunkt** 66 links entlang des Wesel-Datteln-Kanals nach Osten zum **Knotenpunkt** 70. Dort überqueren Sie den Kanal und radeln weiter über die **Knoten** 69 und 80 zur 79 in Dinslaken.*

Am Stadtrand passieren Sie das ehemalige **Bergwerk Lohberg** und die dazu gehörende Zechensiedlung. Von weitem zu sehen ist das 70,5 Meter hohe Fördergerüst von Schacht 2. 1955/1956 errichtet, war es zu dieser Zeit das höchste im gesamten Ruhrgebiet. Gegründet wurde die Zeche von den Stahlindustriellen **Fritz Thyssen**, **Joseph Thyssen** und **August Thyssen** zur Versorgung ihres Dinslakener Bandeisenwalzwerks mit Kokskohle im Jahre 1905. 1907 begann das Abteufen der Schächte Lohberg 1 und 2 und die Zechensiedlung wurde gebaut. 1914 nahm die Zeche die planmäßige Förderung auf. Das Bergwerk „Lohberg" erreichte 1958 mit 5.234 Beschäftigten die höchste Belegschaftszahl. Die höchste Jahresförderung lag 1979 bei 3.135.415 Tonnen Kohle. Ende 2005 wurde die Zeche stillgelegt. Seit Juni 2007 wird das Zechengelände bis auf einen Teil der historischen Bausubstanz (Pförtnerhaus, Zechenwerkstatt, Betriebsgebäude und Fördermaschinenhäuser) abgebrochen.

Bergwerk Lohberg in Dinslaken

Eine Besonderheit ist das **DIZeum**, das Dokumentations- und Informationszentrum Ledigenheime im ehemaligen Ledigenheim Lohberg. Im Ruhrgebiet gab es für ledige Bergarbeiter mindestens 120 Heime, die auch als Arbeiterkasernen bezeichnet wurden. Das Ledigenheim Lohberg wurde 1916 errichtet und hatte eine Kapazität von 542 Betten in einem dreigeschossigen Ziegelbau. Heute zeigt eine Ausstellung Exponate und bietet vielfältige Informationen, darunter auch Erzählungen von Zeitzeugen.

Das letzte Stück fahren Sie geradeaus, über die Kreuzung hinweg, folgen den Schildern des Rotbach-Wegs nach rechts, gelangen mit rechts-links wieder auf die Karl-Heinz-Klingen-Straße (vom Hinweg), biegen links ab und gelangen so immer geradeaus zurück zum Bahnhof Dinslaken, Ihrem Ausgangspunkt.

E-Bike Ladestationen an oder nahe der Route

Fahrradstation
Am Neutor, Dinslaken

Stadtwerke Dinslaken GmbH
Gerhard-Malina-Str. 1, Dinslaken

Dudel-Bude
Auf dem Dudel 5, Hünxe-Krudenburg

Terrassengarten von Kloster Kamp

Tour 14

Länge 52 km

ZWISCHEN RHEIN UND ALPEN

Rundtour von Rheinberg über Kamp-Lintfort, Alpen und Orsoy

Die abwechslungsreiche, nicht ganz ebene Tour auf historischen Spuren verbindet die Altstadt von Rheinberg mit Kloster Kamp, dem „Sanssouci" des Niederrheins und dem Waldgebiet „Die Leucht" bei Alpen.

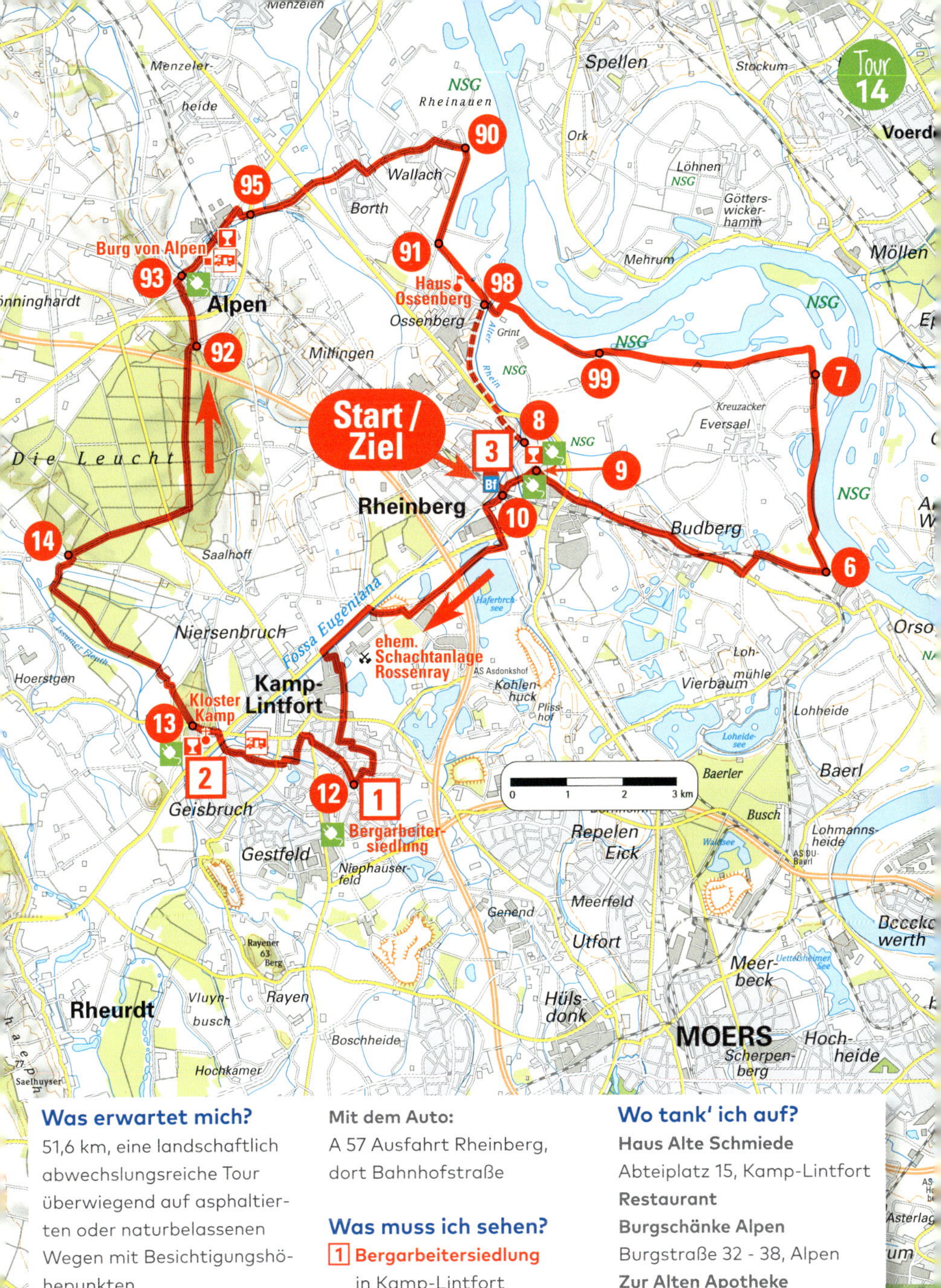

Was erwartet mich?

51,6 km, eine landschaftlich abwechslungsreiche Tour überwiegend auf asphaltierten oder naturbelassenen Wegen mit Besichtigungshöhepunkten.

Wie komm' ich hin?

ÖPNV:

Bahnhof Rheinberg

Mit dem Auto:

A 57 Ausfahrt Rheinberg, dort Bahnhofstraße

Was muss ich sehen?

1 **Bergarbeitersiedlung** in Kamp-Lintfort

2 **Kloster Kamp** in Kamp-Lintfort

3 **Altstadt** von Rheinberg

Wo tank' ich auf?

Haus Alte Schmiede
Abteiplatz 15, Kamp-Lintfort

Restaurant Burgschänke Alpen
Burgstraße 32 - 38, Alpen

Zur Alten Apotheke
Großer Markt 12-14, Rheinberg

Kartentipp: **ADFC Regionalkarte Niederrhein Nord**

TOURSTART

Sie starten am Bahnhof Rheinberg. Der Bahnhof verfügt nur über ein Bahnsteiggleis und ist stufenlos erreichbar. Sie brauchen Ihr E-Bike keine Treppen hinauf oder herunter zu tragen.

*Vom Bahnhof (**Knotenpunkt 10**) steuern Sie nach rechts den **Knoten 12** in Kamp-Lintfort an.*

Dabei überqueren Sie den Wasserlauf der **Fossa Eugeniana**. Geplant war die Fossa als Kanal, als Verbindung vom Rhein bis zur Maas. Er war während des spanisch-holländischen Krieges von den Spaniern gebaut worden, um die Blockade der Rheinmündung durch die Holländer zu umgehen. Zu Ehren der Statthalterin der spanischen Niederlande, **Isabella Clara Eugenia**, wurde der Kanal nach ihr benannt. Vollendet wurde der Bau jedoch nicht. Von dem Kanal ist zwischen Kamp-Lintfort und Rheinberg das Bett noch recht gut erhalten.

Schachtanlage Friedrich Heinrich in Kamp-Lintfort

Kurz vor Kamp-Lintfort passieren Sie das Gelände der ehemaligen **Schachtanlage Rossenray**. Hier wurde zwischen 1963 und 2011 Steinkohle gefördert. Am 21. Dezember 2012 endete mit der Stilllegung des Bergwerkes West der ehemaligen Zeche Friedrich Heinrich endgültig der Kohleabbau in Kamp-Lintfort. 2019 wurde auch der Förderturm der Schachtanlage Rossenray abgerissen.

Am **Knotenpunkt 12** befinden Sie sich in der schön restaurierten **1 Bergarbeitersiedlung** der Zeche Friedrich Heinrich in Kamp-Lintfort. Sie wurde ab 1907 nach dem Vorbild einer englischen Gartenstadt errichtet. Die Straßen sind großzügig, gewunden angelegt und haben viele Freiflächen mit Grünbestand. Gärten boten Möglichkeiten zum Gemüseanbau und zur Kleinviehhaltung und erleichterten die Versorgung der Einwohner.

Unweit der Route erstreckt sich der Zechenpark mit dem **Museum „Haus des Bergmanns"**. Hier wird ein Bergarbeiterhäuschen im Zustand um das Jahr 1910 gezeigt.

Bergarbeitersiedlung der Zeche Friedrich Heinrich

Nach rechts durch die Innenstadt von Kamp-Lintfort fahren Sie weiter auf der NiederrheinRoute zum ***Knotenpunkt*** ⑬.

Der Knotenpunkt befindet sich in unmittelbarer Nähe vom ehemaligen **2 Kloster Kamp**. Dieses wurde 1123 von zwölf Mönchen aus dem französischen Morimond als erstes Zisterzienserkloster auf deutschem Boden gegründet. Die Mönche brachten den Niederrheinern die Kenntnisse des Salatanbaus, der Sauerkrautproduktion und des Windmühlenbaus (noch vor den Holländern!) bei. Waren aus der klostereigenen Produktion, wie Getreide, Wein, Holz, Wolle und Tuche wurden auf klostereigenen Schiffen auf dem Rhein zu den großen Märkten transportiert.

Vom ehemaligen Kloster sind neben der im 17. Jahrhundert neu erbauten Kirche nur zwei weitere Gebäude erhalten geblieben.

Bedeutend ist vor allem der **Terrassengarten** am Südhang des Kamper Berges. Schon auf den ersten Blick fällt die Ähnlichkeit der Terrassenanlagen von Kloster Kamp und Schloss Sanssouci in Potsdam auf. Ein Zufall? Am Niederrhein glaubt man nicht daran. Nachweislich wurde in Kamp um 1740 mit dem Bau der Gartenanlagen begonnen und vom 29.8. bis 14.9.1740

Kloster Kamp

bereiste Friedrich der Große den Niederrhein. Es gibt zwar keinen Beleg, aber eine gewisse Wahrscheinlichkeit, dass der an Gartenarchitektur sehr interessierte König sich das Bauprojekt am Kloster Kamp nicht entgehen ließ. Die Terrassenanlage löste übrigens einen Weinberg ab, der einen so sauren Tropfen hervorbrachte, daß die Mönche den Wein bedenkenlos zum Löschen eines Brandes einsetzten, als einmal das Wasser ausging. 1802 wurde die Abtei im Rahmen der Säkularisation aufgelöst.

Südlich an den Terrassengarten schließt sich ein **Barockgarten** an. Nachdem die einst prunkvolle Gartenanlage verwildert und zerstört war, wurde sie Stück für Stück an Kleingärtner verpachtet. Noch Ende der 1950er Jahre führte man die Trasse der Bundesstraße 510 bedenkenlos durch einen Teil des ehemaligen Gartens. Erst 1986 begann man mit der Wiederherstellung des Terrassengartens nach barockem Vorbild.

*Am **Knoten** 13 biegt unsere Route rechts ab und Sie folgen der Beschilderung über die **Knoten** 14, 92 und 93 zum **Knotenpunkt** 95.*

Dabei durchqueren Sie Waldgebiete. Wenn Sie auf den schönen Waldwegen eine Steigung spüren, so befinden Sie sich im **Waldgebiet „Die Leucht"**. Hier erreichen Sie eine maximale Höhe von 50 Metern, auch wenn der Ortsname Alpen womöglich höhere Erwartungen geweckt hatte.

Hinter dem Ortszentrum von Alpen passieren Sie den Burghügel. Die **Burg von Alpen** wurde bereits um 1200 urkundlich erwähnt. Als Motte war sie auf einem künstlichen Hügel angelegt. Bedeutendste Schlossbewohnerin war die Kurfürstin Amalia (1539–1602), Pfalzgräfin bei Rhein, Herzogin in Bayern, geborene Gräfin zu Neuenahr und Limburg, Frau zu Alpen. Sie wurde in der Burg Alpen geboren und ist dort auch gestorben.

Als die Burg durch ein Erdbeben im Jahre 1758 stark beschädigt worden war, zerfielen die Gebäude. 1809, zur Zeit der französischen Besatzung, wurde die Motte abgetragen und das Material zum Bau einer Straße verwendet. Zum Ende des Zweiten Weltkrieges wurde ein Luftschutzbunker in den Mottenhügel gegraben. Später verwilderte das Gelände. Seit 2018 wird die Motte Alpen als Projekt der Europäischen Kommission saniert.

Infotafel zur Burg Alpen

Marktplatz von Rheinberg

*Geradeaus weiter erreichen Sie an den Rheinauen östlich des Rheinberger Ortsteils Wallach den **Knotenpunkt** 90.*

Das heutige **Naturschutzgebiet** ist durch Auskiesung entstanden. Auf dem überwiegend undurchlässigem Untergrund bilden sich dort nach starken Niederschlägen und Rhein-Hochwasser ausgedehnte Stillgewässer, die Wat- und Wasservögeln als Lebensraum dienen.

Reisemobilstellplätze an oder nahe der Route

Wohnmobilstellplatz Kamp-Lintfort
Gohrstraße 60, Kamp-Lintfort

Wohnmobilstellplatz an der Motte
Burgstraße 66, Alpen

*Flussaufwärts nach Süden führt unsere Tour zu den **Knotenpunkten** 91 und 98.*

Sie passieren **Ossenberg**, einen Ortsteil von Rheinberg. Dort steht das **Haus Ossenberg**. Die 1176 erstmals erwähnte Wehrburg wurde Anfang des 18. Jahrhunderts abgerissen und ein neues Schloss errichtet. Die Anlage ist privat bewohnt.

*Am **Knoten** 98 biegen Sie rechts ab und radeln in einem Bogen entlang des Rheins über die **Knoten** 99, 7, 6 (in Orsoy), rechts durch Budberg zur 9 nach Rheinberg. Alternativ fahren Sie geradeaus und parallel zum Moersbach direkt nach Rheinberg zum **Knotenpunkt** 8 und 9.*

Altes Rathaus in Rheinberg

Auf dem 3 **Marktplatz** in Rheinberg fällt das gotische **Alte Rathaus** aus dem Jahr 1449 ins Auge. Der um 1700 barock umgestaltete Zwiebelturm wurde 1674 an den dreigeschossigen Backsteinbau angebaut. Südlich davon steht das **„Haus Im Scheffel"** aus dem Jahr 1560. Als Getreidespeicherhaus sicherte es die Versorgung zu Zeiten der Rheinberger Belagerung während des Achtzigjährigen Krieges von 1568 bis 1648, in dem sich die Niederländer ihre Unabhängigkeit von Spanien erkämpften. Ebenfalls am Markt steht das Stammhaus des Rheinberger Spirituosenunternehmens Underberg, das von 1878 bis 1880 erbaute Underberg-Palais.

Die katholische **Pfarrkirche St. Peter** östlich des Marktplatzes wurde Ende des 12. Jahrhunderts errichtet. Die mit einem spätromanischen, fünfgeschossigen Westturm ausgestattete Kirche ist von der Gotik geprägt. Im Innern vereinigt der Hochaltar mehrere Schreine aus dem 15. und 16. Jahrhundert. Südlich der Kirche steht das Alte Pfarrhaus, das 1729 im Stil des niederländischen Klassizismus errichtet wurde.

*Vom Markt aus radeln Sie zum **Knotenpunkt** 10, Ihrem Ausgangspunkt am Bahnhof Rheinberg.*

E-Bike Ladestationen an oder nahe der Route

Stadthaus Rheinberg
Kirchplatz 10, Rheinberg
Fahrradabstellanlage
Gelderstraße/Ecke Innenwall, Rheinberg
Infozentrum Stadt und Bergbau
Friedrich-Heinrich-Allee 81, Kamp-Lintfort
Museum Kloster Kamp
Abteiplatz 24, Kamp-Lintfort
E-Bike Ladestation am Rathaus Alpen
Rathausstraße 5, Alpen
Hotel Burgschänke
Burgstr. 34, Alpen

Haus Issum

ZU DEN ALTBIERBRAUERN NACH ISSUM

Rundtour von Geldern über Issum und Kerken

Die ebene Tour durch die Felderlandschaft zwischen Kerken, Issum und Geldern führt zu einer der größten Altbierbrauereien am Niederrhein. Das traditionelle Getränk gehört zu den kulinarischen Spezialitäten der Region.

Was erwartet mich?

42,2 km, eine ebene Tour, zum Teil auf naturbelassenen Wegen durch die Felderlandschaft zwischen Kerken, Issum und Geldern

Wie komm' ich hin?

ÖPNV:

Bahnhof Geldern

Mit dem Auto:

A 57 Ausfahrt Alpen, B 9, in Geldern: Am Nierspark

Was muss ich sehen?

1 **Wasserschloss Haus Issum**

2 **ehemalige Synagoge** in Issum

3 **Bodendenkmal Stenders-Schanze** in Issum

Wo tank' ich auf?

Zum Schwarzbrenner
Glockengasse 17, Geldern

Gaststätte Zur Post
Kapellener Str. 48, Issum

Landgasthaus Wolters
Sevelener Str. 15, Kerken

Kartentipp: **ADFC Regionalkarte Niederrhein Nord**

TOURSTART

Sie starten in Geldern am Bahnhof. Die Bahnsteige sind über flache Rampen erreichbar. Sie brauchen Ihr E-Bike keine Treppen hinauf oder herunter zu tragen.

*Vom Bahnhof radeln Sie nach rechts auf der Straße Am Nierspark zum Kreisel, halten sich dort rechts, hinter den Bahnschienen links und folgen der Agro-Route am Egmond-Park und Rayerssee vorbei aus der Stadt heraus zum **Knoten** 82 und weiter zur 83*

Ehemalige Synagoge in Issum

Dabei passieren Sie die ehemalige Wasserburg Haus Langendonk, von der heute nur noch die Ruine eines Turms übrig geblieben ist. Die Burg war im Mittelalter zwar befestigt, durfte jedoch nicht zu kriegerischen Zwecken gegen die Herzöge von Geldern und die Herzöge von Berg genutzt werden, da das Flüsschen Fleuth durch das Burgareal floss, das die Grenze zwischen dem Herzogtum Geldern und Kurköln bildete. Die Hauptburg gehörte somit zu Kurköln, während die Vorburg auf dem Territorium des Herzogtums Geldern stand. Auf dem Gelände der einstigen Vorburg steht heute ein landwirtschaftlicher Betrieb.

*Nach links geht es weiter zum **Knotenpunkt** 81 in Issum.*

Das [1] **Wasserschloss Haus Issum** besteht aus einem Herrenhaus und einem vorgelagerten Wirtschaftshof. Die Backsteinbauten stammen aus der zweiten Hälfte des 16. Jahrhunderts. In der ehemaligen Vorburg zeigt das **Museum „His-Törchen"** Exponate der Ortsgeschichte sowie Kunstwerke heimischer Künstler. Im Herrenhaus befindet sich der Sitzungssaal der Stadt sowie das Trauzimmer und weitere Büroräume der Stadtverwaltung. Die mehrteilige Burganlage wird von Gräben umgeben. Südlich davon erstreckt sich ein Park mit altem Baumbestand und einem 80 Meter langen Laubengang aus Hainbuchen.

In der [2] **ehemaligen Synagoge** mit Mikwe und jüdischer Schule in der Kapellener Straße 30 erinnert eine Dokumentation und Ausstellung an jüdisches Leben am Niederrhein.

Die in Issum heimische **Brauerei Diebels** hat sich einen Namen als Altbier-Brauerei gemacht. Die Brauerei wurde 1878 vom Krefelder Braumeister Josef Diebels in Issum gegründet. Bis Anfang der 1970er Jahre wurden in der lokalen Brauerei verschiedene Biersorten gebraut. Später setzte die Brauerei über 30 Jahre lang ausschließlich auf die Produktion von Altbier und wurde damit überregional bekannt. Ihr Marktanteil liegt bei Altbier in Deutschland über 50 Prozent.

Laubengang bei Haus Issum

Altbier wird wegen seiner historischen Brauart so genannt. Es wird obergärig gebraut; die Hefe setzt sich nach dem Gärprozess auf dem Bier ab und wird anschließend abgeschöpft. Vor der Erfindung der Kältemaschine bestand im Rheinland aufgrund des milden Klimas nur die Möglichkeit, obergäriges Bier zu brauen. Der Gärprozess findet bei Temperaturen zwischen 15 und 20 Grad Celsius statt. Untergärige Biersorten wie Export, Pils oder Bockbier werden bei niedrigen Temperaturen zwischen 2 und 6 Grad Celsius gebraut. Am Niederrhein, dem Stammland dieser besonderen Brauart, wurde die alte Herstellungsweise bewahrt und verfeinert.

Reisemobilstellplätze an oder nahe der Route

Reisemobilpark Aldekerker Platte
Kempener Straße 9, Kerken-Aldekerk

Wohnmobilstellplatz am Holländer See
Am Holländer See 19, Geldern

Wohnmobilstellplatz Gaststätte Zur Post
Kapellener Straße 48, Issum

E-Bike Ladestationen an oder nahe der Route

Stadtwerke Geldern
Markt 25, Geldern

Stadt Geldern
Issumer Tor 36, Geldern

Rathauspark
Herrlichkeit 7-9, Issum

Café Hygge
Vogt-von-Belle-Platz 6, Issum

Da Franco Café & Trattoria
Hoerstgener Str. 37, Issum-Sevelen

Juchmeshof
Raiffeisenstraße 5, Issum-Sevelen

Landgasthaus Wolters
Sevelener Straße 15, Kerken-Nieukerk

*Am **Knoten** 81 biegen wir rechts ab und folgen der NiederrheinRoute bzw. einem Verbindungsweg zum **Knotenpunkt** 72.*

Hier befindet sich das 3 **Bodendenkmal Stenders-Schanze**, eine der 25 größeren und kleineren Schanzen, die zwischen 1626 und 1633 zum Schutz der Bauarbeiten an der **Fossa Eugeniana** errichtet wurden. Geplant war die Fossa als Kanal, als Verbindung vom Rhein bis zur Maas. Er war während des Spanisch-Holländischen Krieges von den Spaniern gebaut worden, um die Blockade der Rheinmündung durch die Holländer zu umgehen. Zu Ehren der Statthalterin der Spanischen Niederlande, Isabella Clara Eugenia, wurde der Kanal nach ihr benannt. Vollendet wurde der Bau nicht.

*Sie radeln weiter zum **Knotenpunkt** 84 nach Sevelen.*

Am westlichen Ortsrand, abseits der Route, steht die 1868 errichtete **Dahlenmühle**. Zwischen 2000 und 2010 wurde die Mühle aufwändig restauriert.

*Über die **Knotenpunkte** 87, 92 und 91 gelangen Sie nach Nieukerk und weiter durch die Felderlandschaft über die **Knotenpunkte** 94, 59, rechts 29 und 93, vorbei an der Justizvollzugsanstalt zur 95 am Haus Ingenray.*

Das denkmalgeschützte Bauwerk des ehemaligen Rittersitzes, eine dreiflügelige Anlage in Hufeisenform, steht in der Niersniederung zwischen der großen und der kleinen Niers. Die Niers speist noch heute den Wassergraben, der Haus Ingenray an drei Seiten umgibt. Das Anwesen wurde 1461 erbaut und später erweitert. Die Bausubstanz des Mittelbaus stammt im Kern noch aus dem 15. Jahrhundert. Im Zweiten Weltkrieg leerstehend, wurde es 1944/45 verwüstet. In den Nachkriegsjahren war dort ein Geflügelzuchtbetrieb untergebracht, ehe es der Gelderner Unternehmer Hans Stratmans 1962 erwarb und restaurierte. **Haus Ingenray** befindet sich im Besitz der Emilie und Hans Stratmans-Stiftung des Historischen Vereins für Geldern und Umgegend und kann nur eingeschränkt besichtigt werden.

*Vom **Knoten** 95 fahren Sie links in Richtung **Knotenpunkt** 20 im Zentrum von Geldern.*

Dahlenmühle

Dabei passieren Sie **Haus Golten**, das 1294 erstmals urkundlich erwähnt wurde. 1586 verwüsteten niederländische Soldaten das Anwesen und brannten es nieder. Im 17. Jahrhundert wurde Haus Golten wieder aufgebaut. Aus dieser Zeit stammt der Turm, alle anderen Gebäude sind jüngeren Datums. Heute wird das Herrenhaus als Verwaltungssitz für das anliegende Altenheim genutzt.

*Noch vor dem **Knotenpunkt** 20 weisen Hinweisschilder am Kreisel nach rechts zum Bahnhof, Ihrem Ausgangspunkt.*

Weinstube in Wachtendonk

ZU DEN SPARGELBAUERN NACH WALBECK

Rundtour von Kerken-Nieukerk über Wachtendonk und Straelen

Die landschaftlich reizvolle Tour führt in die Heimat des deutschen Spargelanbaus in Geldern-Walbeck und durch Zentren des Blumen- und Gemüseanbaus nach Wachtendonk mit seinem denkmalgeschützten Ortszentrum.

Tour 16

Was erwartet mich?

61 km, eine abwechslungsreiche und reizvolle Entdeckungstour auf überwiegend asphaltierten und naturbelassenen Wirtschaftswegen

Wie komm' ich hin?

ÖPNV: Bahnhof Nieukerk

Mit dem Auto:
A 40 Ausfahrt Kerken, B 9, in Nieukerk: Mittelstraße

Was muss ich sehen?

1. **Historisches Zentrum** in Wachtendonk
2. **Haus Püllen** in Wachtendonk
3. **Steprather Mühle** in Geldern-Walbeck

Wo tank' ich auf?

Ristorante Pulverturm
Am Pulverturm 12, Wachtendonk

Restaurant Franzuesenhoek
Markt 19, Straelen

Hotel Schloss Walbeck
Am Schloß Walbeck 31, Geldern

Alte Bürgermeisterei
Walbecker Str. 2, Geldern

Landgasthaus Wolters
Sevelener Str. 15, Kerken

Kartentipp: **ADFC Regionalkarte Niederrhein Nord**

TOURSTART

Sie starten in Kerken am Bahnhof Nieukerk. Der Bahnhof ist stufenlos erreichbar. Sie brauchen Ihr E-Bike keine Treppen hinauf oder herunter zu tragen.

*Vom Bahnhof radeln Sie über die **Knotenpunkte** 92, 28 und 27 zur 37 in Stenden.*

In der Nähe, etwas abseits der Route, steht die **Stendener Mühle**. Diese Holländer-Windmühle wurde um 1880 errichtet und bis 1919 betrieben. Später wurde die „Stendener Mühle" als Jugendherberge genutzt und befindet sich heute nach aufwändigen Restaurierungsarbeiten in Privatbesitz.

*Auf der NiederrheinRoute geht es weiter über die A40 zu den **Knotenpunkten** 41, 19, kurz vorher links zur 43 und rechts zur 6.*

Dabei passieren Sie zuerst **Haus Velde**, einen ehemaligen Rittersitz, der erstmals im 13. Jahrhundert erwähnt wurde. Heute ist Haus Velde in Privatbesitz. Der Zugang ist nur bis zum Wehrturm in der Einfahrt möglich, eine Besichtigung der Anlage nicht gestattet.

Am **Knotenpunkt** 6 erreichen Sie das **Benediktinerinnenkloster Abtei Mariendonk**. Das Kloster wurde im Jahr 1900 errichtet und am Ende des Ersten Weltkrieges lebten hier etwa 40 Nonnen. Mit der Auflage, für das Militär Näh- und Stickarbeiten zu übernehmen, wurde das Kloster im Zweiten Weltkrieg nicht geschlossen, jedoch wurden größere Bereiche des Hauses zu Soldaten- und später zu Flüchtlingsunterkünften erklärt. Noch heute leben rund 30 Nonnen im Kloster und stellen Textilien vorwiegend für den liturgischen Gebrauch her.

Haus Püllen in Wachtendonk

Am anderen Ufer der Niers steht die **Neersdommer Mühle**, eine ehemalige Wassermühle mit einem unterschlächtigen Wasserrad. Die Mühle wurde bereits 1348 urkundlich erwähnt. Sie besaß zuletzt vier Mahlwerke und konnte 24 Stunden am Tag betrieben werden. Um 1900 wurde sie dem Kloster vererbt. Der Mahlbetrieb sowie die Erzeugung von Strom wurde 1942 endgültig eingestellt.

Abtei Mariendonk

Nach rechts radeln Sie entlang der Niers zum ***Knotenpunkt*** *33 und weiter zur 30 in Wachtendonk.*

Das 1 **Stadtbild Wachtendonks** zeigt weitgehend den Charakter eines niederrheinischen Landstädtchens des 18. Jahrhunderts mit schönen alten Bürgerhäusern, von denen die meisten kurz nach dem Großbrand von 1708 errichtet wurden. Der gesamte Ortskern mit seiner seit mehr als 300 Jahren unveränderten Straßenführung steht unter Denkmalschutz.

In der Weinstraße Nr. 20 passieren Sie ein Haus aus dem 16./17. Jahrhundert. Am Ende der Weinstraße steht das **Rathaus** der Stadt Wachtendonk, ein Bauwerk aus dem Jahre 1841. Direkt gegenüber erhebt sich 2 **„Haus Püllen"** mit seinen zwei Volutengiebelchen. Die Putzfassade trägt in Form von Mauerankern die Jahreszahl 1634. Vor Haus Püllen lenken Sie nach links in die Feldstraße, wo das Haus **„Schwarzer Adler"**, erbaut um 1600, und Haus Nr. 24 aus dem 17. Jahrhundert zu sehen sind.

Rathaus von Wachtendonk

Etwas südlich – abseits der Route – befinden sich nahe der Niers der ehemalige **Pulverturm**, der zu einem Restaurant umgebaut wurde sowie die Fundamente der Burg Wachtendonk, die seit dem 14. Jahrhundert überliefert ist und im Achtzigjährigen Krieg mal von den Truppen der niederländischen Generalstaaten und mal kaiserlich-spanischer Truppen genutzt wurde. Bei einer Eroberung im Jahr 1603 wurde sie so stark beschädigt, dass sie nicht wieder aufgebaut wurde.

Unsere Tour führt nach rechts über den ***Knotenpunkt*** *34 auf der NiederrheinRoute zum* ***Knotenpunkt*** *60 in Straelen.*

Die katholische **Pfarrkirche St. Peter und Paul** in Straelen wurde 1387 als dreischiffige Halle mit Pfeilern gebaut und 1498 erweitert.

Pulverturm

Straelen verlassen Sie über den ***Knotenpunkt*** *58 und fahren auf der NiederrheinRoute über die* ***Punkte*** *23, 24 und 19 links nach Walbeck.*

Dabei passieren Sie noch am Ortsausgang von Straelen die **Mühle van Schayck** am Gieselberg. Die Erdholländermühle besitzt einen achtkantigen konischen Mühlenturm. Der Sockel ist gemauert und weiß getüncht. Der übrige hölzerne Turm ist mit Schindeln verkleidet. Die Haube ist erhalten, doch Windmühlenflügel und Steert sind nicht mehr vorhanden. Die Mühle wurde 1851 errichtet und war 100 Jahre lang als Kornmühle in Betrieb. 1952 brannte sie durch einen Blitzschlag ab. Nach ihrer Wiederherstellung wurde sie als Ferienwohnung genutzt.

Pfarrkirche St. Peter und Paul in Straelen

An der Niers
in Wachtendonk

Reisemobilstellplätze an oder nahe der Route

Reisemobilpark Aldekerker Platte
Kempener Straße 9, Kerken-Aldekerk

Wohnmobilstellplatz Achter de Stadt
Achter de Stadt 36, Wachtendonk

Wohnmobilstellplatz am Bad Wasserstraelen
Lingsforter Straße 100, Straelen

Wohnmobilstellplatz am Sportplatz
Hülspassweg 20, Geldern

Reisemobilhafen am Freibad
Am Freibad 16, Geldern

Am Ortseingang von Walbeck entdecken Sie die **Kokermühle**. Sie ist die einzige Mühle dieses seltenen Typs, einer frühen Variante der Windmühle, die ab 1410 in Holland aus der Bockwindmühle entwickelt wurde. Gegenüber der Bockwindmühle, die auf einem Ständer steht, wurde ein Großteil der Mühlenmechanik in den fest umschlossenen Mühlensockel verlegt. Ein Nachteil dieses Mühlentyps bestand darin, dass stets der gesamte Mühlenkasten gedreht werden musste, wenn die Mühle in den Wind gedreht werden musste.

Die **Walbecker Kokermühle** wurde 1770 in den Niederlanden als hölzerne Sägemühle erbaut und 1823 nach Walbeck gebracht und dort als Kornmühle wieder aufgebaut. 1952 wurde die Mühle stillgelegt. Heute befindet sich die Mühle in Privatbesitz.

In Walbeck startete Major Walter Klein-Walbeck auf den Ländereien des Ritterguts Walbeck seine ersten Anbauversuche mit Spargel. Im Ersten Weltkrieg hatte er als Offizier im Hauptquartier des deutschen Heeres in Antwerpen die belgischen Spargelanbaugebiete kennengelernt und wusste, dass Spargel besonders auf sandigen Feldern gut gedeiht. 1929 eiferten

die Walbecker Bauern ihm nach und gründeten die erste und bis heute einzige **Spargelbaugenossenschaft**. Bis heute ist der **Walbecker Spargel** weit über den Niederrhein hinaus bekannt. Zahlreiche Gärtnereibetriebe bauen weitere Gemüsesorten und im Herbst Eriken und Azaleen an.

Im Ortskern lohnen die **Lucia-Kapelle** vom Anfang des 16. Jahrhundert und die **Sankt-Nikolaus-Pfarrkirche** einen Besuch. Beeindruckend sind die 1969/70 gefertigten modernen Kirchenfenster der Kirche.

Walbecker Kokermühle

Etwas abseits der Route steht die 3 **Steprather Mühle**, eine markante Turmwindmühle in strahlendem Weiß. Sie ist Deutschlands älteste noch voll funktionsfähige Windmühle und wurde um 1450 errichtet. Hoch oben lesen Sie die Aufschrift „In Wind und Wetter ist Gott Dein Retter". Samstags, sonntags und an Feiertagen bietet der Mühlenverein zwischen 10 und 17 Uhr eine Besichtigung der Mühle sowie in einem Café selbstgebackenes Brot sowie Kaffee und Kuchen an.

Walbeck verlassen Sie auf der Walbecker Straße Richtung Veert. Nach ca. 2 km biegen Sie rechts ab in die Straße Ohligsdeich, am Ende rechts-links und mit der Agro-Route nach Pont. An der Venloer Straße (B58) biegen Sie rechts ab und erreichen mit der Agro-Route im Zick-Zack die ***Knoten*** *95 und rechts weiter die 93, 94 und 91 in Nieukerk und nach links den Bahnhof, Ihren Ausgangspunkt.*

E-Bike Ladestationen an oder nahe der Route

Landgasthaus Wolters
Sevelener Straße 15,
Kerken-Nieukerk

Zweirad Schrader
Friedensplatz 2,
Wachtendonk

Hotel achtendonker Hof
Kempener Str. 1-3,
Wachtendonk

Restaurant Pulverturm
Am Pulverturm 12,
Wachtendonk

Zweiradcenter van de Stay
Ostwall 10, Straelen

Kaffee Krone
Markt 13, Straelen

Hotel Haus Deckers
Walbecker Markt 1,
Geldern-Walbeck

Spargelhof Kisters - Café „Op de Deäl"
Kevelaerer Straße 6,
Geldern-Walbeck

Zweirad Hendrix
Kevelaerer Straße 120,
Geldern-Walbeck

Restaurant „All' Arco"
Antoniusstraße 14,
Geldern-Pont

Duisburg-Ruhrort

Tour 17

Länge 54 km

ZWISCHEN BERGBAU UND NATURSCHUTZ

Rundtour von Moers über Neukirchen-Vluyn und Duisburg-Homberg

Die abwechslungsreiche Tour verbindet ursprüngliche Niederrhein-Landschaft mit den Zeugnissen des historischen und aktuellen Strukturwandels. Trotz kleinerer Etappen durch Industriegebiete bleibt die Tour erholsam und landschaftlich reizvoll.

Was erwartet mich?

54,2 km, eine abwechslungsreiche Tour auf überwiegend asphaltierten und naturbelassenen Wirtschaftswegen zwischen Industrie, Zechen, Dorfidylle und Naturschutzgebieten.

Wie komm' ich hin?

ÖPNV:
Bahnhof Moers

Mit dem Auto:
A 40 Abfahrt Moers, Friedrich-Ebert-Platz (Parkplatz)

Was muss ich sehen?

1. **Schloss Moers**
2. **Naturschutzgebiet Niepkuhlen**
3. **Dorfkirche** in Duisburg-Friemersheim
4. **Trajektturm** in Duisburg-Homberg
5. **ehemalige Zechensiedlung Meerbeck**

Wo tank' ich auf?

Grafschafter Wirtshaus
Kastell 5, Moers

StellwerkHOF-Restaurant -Biergarten
Am Stellwerk 33, Duisburg

Hafensturm (Biergarten)
Königstraße 92, Duisburg-Homberg

Kartentipp: **ADFC Regionalkarte Niederrhein Nord und radrevier.ruhr West**

TOURSTART

Sie starten am Bahnhof in Moers. Der Bahnhof verfügt über Aufzüge. Sie brauchen Ihr E-Bike keine Treppen hinauf oder herunter zu tragen.

*Vom Bahnhof radeln Sie rechts über die Schienen zum **Knotenpunkt** 46 und nach links über die 40 nach rechts zur 45.*

Im Zentrum umfahren Sie den Schlosspark mit seinem alten Baumbestand. Erhalten sind hier auch noch Graben und Wälle der ehemaligen Stadtbefestigung.

Inmitten des Parks steht 1 **Schloss Moers**, der ehemalige Sitz der Grafen von Moers. Das erste Gebäude des Schlosses wurde um 1200 errichtet. Dabei handelte es sich um einen quadratischen Turm aus Tuffstein, also vulkanischem Gestein, vermutlich aus der Eifel. Das Material stammt vermutlich aus dem ehemaligen römischen Lager in Asciburgium. Moritz von Oranien ließ das Schloss zwischen 1601 und 1604 mit fünf Bastionen verstärken und Mitte des 17. Jahrhunderts galt es als „uneinnehmbare Festung". Die Festungsbauwerke wurden allerdings 1763 nach dem Ende des siebenjährigen Krieges auf Anordnung Friedrich des Großen geschleift. 1802 wurde das Schloss als „verfallenes Gebäude" beschrieben und an den Textilunternehmer Friedrich Wintgens verkauft, der das Gebäude umgestalten und den heutigen Schlosspark anlegen ließ. Heute beherbergt das Schloss das **Schlosstheater** sowie das **Grafschafter Museum** mit einer Sammlung zur Volkskunst und Kulturgeschichte der Grafschaft Moers.

*Auf direktem Weg geht es weiter auf der Heckrathstraße über die Autobahn nach Neukirchen und über den **Knotenpunkt** 44 (in Neukirchen-Vluyn) nach links zur 42.*

Hier stoßen Sie an die Niep, eine verlandete Altstromrinne des Rheins, die sich unter verschiedenen Namen (u.a. Niepkuhlen) von Krefeld bis Vluyn und weiter bis Issum zieht. In dem 2 **Niedermoorgebiet** reiht sich perlenschnurartig eine Vielzahl kleinerer und größerer Tümpel und Seen aneinander, die durch früheren Torfabbau entstanden sind. Heute zählt der Niepkuhlenzug mit seinen ökologisch wertvollen Feuchtgebieten zu den wichtigsten Biotopsystemen des Niederrheines. Seit den 1980er Jahren stehen weite Bereiche der Niederung unter Naturschutz. Das Feuchtgebiet

Schloss Moers

Niepkuhlen

mit ausgedehnten Bruch- und Auwaldbereichen, Röhrichten bietet Lebensraum für viele, teilweise seltene oder bedrohte Vogelarten, insbesondere Wasservögel wie Zwergtaucher, Eisvogel, Kiebitz, Teichrohrsänger, Wiesenpieper, Flussuferläufer und Teichhuhn.

Sie folgen nun der NiederrheinRoute nach links zum ***Knotenpunkt*** *41 hinter der A57.*

Hier steht **Schloss Lauersfort**, ein Wasserschloss und ehemaliges Rittergut, dessen ältester Gebäudeteil, die Vorburg, aus dem 14. Jahrhundert stammt. Der Westflügel des Anwesens wurde um 1650 erbaut. Das heutige Schlossgebäude wurde als Herrenhaus im Jahr 1716 errichtet. Das Schloss befindet sich im Privatbesitz und kann nicht besichtigt werden.

Dorfkirche in Friemersheim

Die Schilder der NiederRheinroute bringen Sie in den Duisburger Stadtteil Friemersheim.

Besonders schön gelegen ist die evangelische 3 **Dorfkirche**, die urkundlich bis auf das Jahr 1147 zurückgeführt wird. Unmittelbar hinter der Kirche lenken Sie nach rechts durch das Dorf mit dem alten Lehrerhaus aus dem Jahre 1800, in dem heute ein kleines **Heimatmuseum** untergebracht ist, und der ehemaligen Dorfschenke.

Brücke der Solidarität

In Friemersheim stoßen Sie auf den Rheindeich und radeln nach links dem Rheinradweg folgend, flussabwärts durch die naturgeschützte Rheinaue und später durch das von Logistikunternehmen geprägte Gewerbegebiet in Rheinhausen zum **Knotenpunkt 34**.

Dort passieren Sie die **„Brücke der Solidarität"**. Sie erinnert an den harten Arbeitskampf gegen die Schließung des Krupp-Stahlwerks in Rheinhausen im Winter 1987/88. Am 20. Januar 1988 zogen 50.000 Stahlkocher aus über 60 deutschen Hüttenwerken über diese Brücke nach Rheinhausen. Seit diesem Tag trägt sie den Namen, der später von der Stadt Duisburg offiziell übernommen wurde und gut lesbar angebracht ist. Eine erste Brücke wurde hier ab 1934 über den Rhein gebaut und 1945 von Soldaten der deutschen Wehrmacht gesprengt. Eine neue Brücke wurde ab Juli 1945 gebaut und am 3. Juli 1950 für den Verkehr freigegeben.

Sie radeln links (Am Damm) weiter entlang des Rheins und folgen der EuroVeloRoute 15 (EV15) über den ***Knoten*** *34 zur 38 in Duisburg-Homberg.*

Von der Rheindeichstraße aus sehen Sie auf der gegenüberliegenden Rheinseite die Stadtkulisse, die Hafeneinfahrten und die Ruhrmündung. Die **Duisburg-Ruhrorter Häfen** gelten als größter Binnenhafen der Welt und erstrecken sich auf einer Gesamtfläche von

Trajektturm in Duisburg-Homberg

10 Quadratkilometern. Die 21 öffentlichen Hafenbecken haben eine Wasserfläche von über 180 ha. Die Uferlänge beträgt 40 km. Es stehen rund 1,5 Mio. Quadratmeter überdachte Lagerflächen zur Verfügung. Etwa 36.000 Arbeitsplätze, 11 Prozent aller Duisburger Arbeitsplätze, sind von diesem Hafen abhängig. Seit 2012 verbindet eine 11.179 km lange Güterzug-Verbindung die Duisburger Häfen mit dem chinesischen Ballungsraum Chongqing und ist damit Teil der „Neuen Seidenstraße".

In Duisburg-Homberg passieren Sie die Hafenmündung. Im Hafenbecken liegen heute Sportboote und das Internatsschulschiff „Rhein", auf dem angehende Rheinschiffer während ihrer Ausbildung untergebracht sind. Der 4 **Trajektturm** aus dem Jahre 1856 ist ein historisches Monument der Eisenbahntechnik. Er diente als Hebeturm für eine Eisenbahnfähre über den Rhein, die aber bereits 1885 eingestellt wurde.

*Über die Straßen links Rheindeich-, links Lauer-, rechts Hochfeldstraße, links Friedhofsallee und rechts weiter über die Verbindungsroute 42 der Niederrhein-Route gelangen Sie zum **Knotenpunkt** 16.*

Reisemobilstellplätze an oder nahe der Route

Wohnmobilstellplatz am Solimare-Bad
Filder Straße 144, Moers

Wohnmobilstellplatz am Toeppersee
Lohfelder Weg 100, Duisburg

Wohnmobilstellplatz Niederrhein
Krefelder Straße 9, Neukirchen-Vluyn

Dabei durchqueren Sie die 5 **historische Zechensiedlung** Meerbeck. Die Namen Glückauf-Straße, Knappenstraße und An der Halde künden vom Bergbau. Doch den Ruß vergangener Zeiten gibt es heute nicht mehr. Die Bergmannshäuser sind seit ihrer Restaurierung zwischen 1980 und 1996 hell verputzt.

Als im Jahre 1904 der Schacht 4 der **Zeche Rheinpreussen** abgeteuft wurde, baute man auf dem Gebiet einer mittelalterlichen Richtstätte der Grafen von Moers die **Bergarbeiterkolonie Meerbeck**. Linden, Platanen, Kastanien und Birken wurden gepflanzt und gaben den ruhigen Straßen im Verlauf der Jahrzehnte Alleencharakter. Trotz der Verwendung einheitlicher Haustypen wurde durch unterschiedliche Dach- und Giebelformen, Fassadengliederungen, Türmchen und

Moers

Torbögen ein Rest von Individualität und Abwechslung gewahrt. Schließlich war die Qualität der Wohnungen ein wichtiges Argument bei der Anwerbung damals dringend gesuchter Arbeitskräfte, für die Werber durch Bayern, Schlesien, Polen, Italien und den Balkan zogen. Fast 10.000 Menschen lebten zu Boomzeiten des Bergbaus hier.

Integrationsfähigkeit war gefragt und hat sich erhalten. Noch heute liegt hier der Ausländeranteil bei über 30 Prozent, dreimal höher als in der gesamten Stadt. Die im Zusammenleben in der Siedlung entwickelte Solidarität half auch, als Anfang der 80er Jahre Bauspekulanten planten, die Häuschen zu renovieren und anschließend gewinnbringend zu verkaufen. Eine Bürgerinitiative erreichte, dass die Stadt die Wohnungen kaufte und die Mieter wohnen bleiben konnten. Mittlerweile gehört die gut restaurierte Siedlung zu den Sehenswürdigkeiten der Stadt Moers.

Noch ein Stück geradeaus und Sie treffen auf den Bahnhof Moers, Ihren Ausgangspunkt.

E-Bike Ladestationen an oder nahe der Route

Volksbank Niederrhein e.G.
Uerdinger Straße 1, Moers
Sparkasse am Niederrhein
Niederrheinallee 344, Neukirchen-Vluyn
Naturfreibad Bettenkamper Meer
Krefelder Straße 109, Moers

Freilichtmuseum
in Grefrath

Tour 18
Länge 49 km

INS NIEDERRHEINISCHE FREILICHTMUSEUM

Rundtour von Kempen über Grefrath und Neersen

Die ebene Tour führt in die Umgebung von Kempen, zum Niederrheinischen Freilichtmuseum rund um die Dorenburg in Grefrath und in die Umgebung der Städte Viersen und Mönchengladbach.

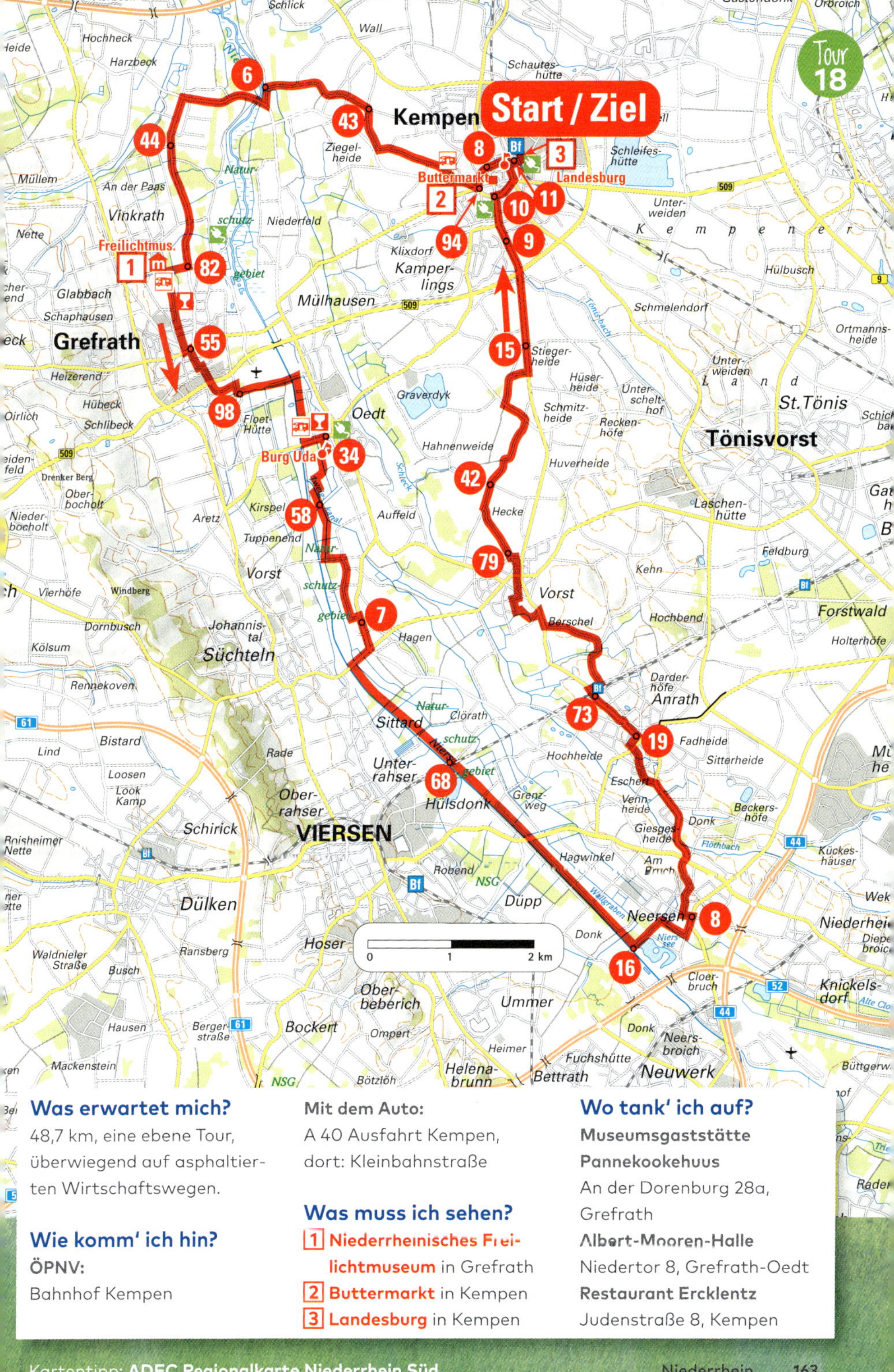

Was erwartet mich?

48,7 km, eine ebene Tour, überwiegend auf asphaltierten Wirtschaftswegen.

Wie komm' ich hin?

ÖPNV:

Bahnhof Kempen

Mit dem Auto:

A 40 Ausfahrt Kempen, dort: Kleinbahnstraße

Was muss ich sehen?

1 **Niederrheinisches Freilichtmuseum** in Grefrath

2 **Buttermarkt** in Kempen

3 **Landesburg** in Kempen

Wo tank' ich auf?

Museumsgaststätte Pannekookehuus

An der Dorenburg 28a, Grefrath

Albert-Mooren-Halle

Niedertor 8, Grefrath-Oedt

Restaurant Ercklentz

Judenstraße 8, Kempen

Kartentipp: **ADFC Regionalkarte Niederrhein Süd**

TOURSTART

Sie starten am Bahnhof in Kempen. Die Bahnsteige können über Rampen erreicht werden. Sie brauchen Ihr E-Bike keine Treppen hinauf oder herunter zu tragen.

Vom Bahnhof radeln Sie über die ***Knotenpunkte*** *11, 8 und 94 aus der Stadt hinaus über den* ***Knotenpunkt*** *43 zur 6.*

Dort erreichen Sie das **Benediktinerinnenkloster Abtei Mariendonk**. Das Kloster wurde im Jahr 1900 errichtet und am Ende des Ersten Weltkrieges lebten hier etwa 40 Nonnen. Mit der Auflage, für das Militär Näh- und Stickarbeiten zu übernehmen, wurde das Kloster im Zweiten Weltkrieg nicht geschlossen, jedoch wurden größere Bereiche des Hauses zu Soldaten- und später zu Flüchtlingsunterkünften erklärt. Noch heute leben rund 30 Nonnen im Kloster und stellen Textilien vorwiegend für den liturgischen Gebrauch her.

Am anderen Ufer der Niers steht die **Neersdommer Mühle**, eine ehemalige Wassermühle mit einem unterschlächtigen Wasserrad. Die Mühle wurde bereits 1348 urkundlich erwähnt. Sie besaß zuletzt vier Mahlwerke und konnte 24 Stunden am Tag betrieben werden. Um 1900 wurde sie dem Kloster vererbt. Der Mahlbetrieb sowie wie die Erzeugung von Strom wurde 1942 endgültig eingestellt.

Mit links-rechts-links erreichen Sie den ***Knotenpunkt*** *44 und fahren weiter geradeaus zur 82.*

Das 1 **Niederrheinische Freilichtmuseum** rund um die **Dorenburg** lohnt einen ausführlichen Besuch. Im Burggebäude werden Exponate der bürgerlichen und adligen Wohnkultur des Niederrheins gezeigt. Darüber hinaus sind verschiedene historische Bauernhöfe wiederaufgebaut, die früher in Viersen, Mönchengladbach und im Schwalmtal standen. Altes Handwerk zeigen

Dorenburg in Grefrath

eine Schmiede, eine Kornbrennerei und eine Lohgerberei. Ein Feuerwehr-Spritzenhaus und eine Posthalterei ergänzen das museale Angebot. In einer Scheune der Dorenburg ist das **Spielzeugmuseum** im Niederrheinischen Freilichtmuseum eingerichtet. Auf drei Etagen ist hier Spielzeug aus drei Jahrhunderten ausgestellt, darunter Modelleisenbahnen, Puppenhäuser, Computerkonsolen und Seifenkisten.

Die von einem Wassergraben umgebene Dorenburg wurde 1326 erstmals erwähnt. Um 1630 wurde die mittelalterliche Wehrburg zu einem barocken Herrensitz umgebaut.

*Nach rechts an den Parkplätzen vorbei geht es links über den **Knotenpunkt** 55 in Grefrath und geradeaus 98 zum **Knotenpunkt** 34 in Oedt.*

Schloss Neersen

Dort befindet sich rechts die **Ruine der Burg Uda**, die auf das Jahr 1313 zurückgeht. 1643 zerstörten hessische Truppen die Burg und 1757 wurde die Burganlage bis auf den heute noch erhaltenen Rundturm abgebrochen. Außer dem Turm sind noch Fundamente sowie Reste vom Mauerwerk erhalten.

*An der Burg vorbei radeln Sie weiter über die **Knotenpunkte** 58, 7, 68, geradeaus 16 und links zum **Knoten** 8 in Neersen.*

Schloss Neersen war zur Zeit seiner Erbauung noch eine Wasserburg an der Niers. Nach einer Flussbegradigung 1930 fließt die Niers etwa einen Kilometer vom Schloss entfernt. Die Burg wurde bereits 1263 urkundlich erwähnt. Zu Beginn des Dreißigjährigen Krieges (1618-1648) wurde der Besitzer Johann von Virmond 1621 wegen seiner Verdienste im Krieg zum Freiherrn

Buttermarkt in Kempen

erhoben. Nach Kriegsende ließ er an Stelle der baufälligen Burg ein repräsentatives barockes Schloss mit vier Ecktürmen errichten. Etwa zwei Millionen Ziegelsteine kamen dabei zum Einsatz. Die Gelder stammten zum Teil aus Zahlungen des Kölner Kurfürsten für die Bereitstellung bewaffneter Kräfte, zum Teil aus erzwungenen Steuern und Kriegsabgaben der Bevölkerung. Währens der französischen Besatzung wurde das Schloss 1803 verstaatlicht und verkauft. Zeitweise wurde es als Wattefabrik und Baumwollweberei genutzt. Als 1859 eine Dampfmaschine explodierte, brannte es nieder. Ein Krefelder Fabrikant ließ es bis 1896 wiederherstellen. Nach dem Zweiten Weltkrieg wurde das Schloss als Erholungsheim für Kinder genutzt und später von der Stadt Willich renoviert und als Rathaus eingerichtet.

*Unsere Tour führt links-rechts-rechts-links aus der Stadt heraus nach Anrath zum **Knoten** 19 und links weiter über die 73, 79, 42, 15 und 9 zum **Knotenpunkt** 10 in Kempen.*

Kuhtor in Kempen

Reisemobilstellplätze an oder nahe der Route

Reisemobilpark am Aqua Sol in Kempen
Berliner Allee 35, Kempen

Wohnmobilstellplatz am Eissportzentrum
Stadionstraße 161, Grefrath

Wohnmobilstellplatz Niers-Perle Oedt
Mühlengasse 6, Grefrath

Als **Patron von Kempen** gilt der dort um 1380 geborene Kirchenlehrer Thomas von Kempen. Seine vierteilige Schrift „Nachfolge Christi" war lange Zeit das nach der Bibel meistverbreitete Buch.

Den Mittelpunkt der Altstadt bildet die **Propsteikirche St. Marien**. Sie birgt in ihrem Innern u.a. drei Antwerpener Altäre.

Das ehemalige **Franziskanerkloster Kempen**, errichtet zwischen 1627 und 1630, beherbergt heute das städtische **Kramer-Museum**, die **Stadtbibliothek** und das **Thomas-Archiv**. Die angrenzende **Paterskirche** aus dem Jahr 1640 wird heute als Museum für niederrheinische Sakralkunst und als Konzertsaal genutzt.

Landesburg in Kempen

Besonders reizvoll ist der 2 **Buttermarkt**, der alte Marktplatz der Stadt. Von dort ist es nicht weit zum **Kuhtor** von 1350, dem einzigen noch erhaltenen Stadttor. Im Südwesten der Altstadt bildet die 1481 errichtete **Turmmühle** einen Teil der Stadtmauer. Von der südlichen Stadtbefestigung blieb der **Peterturm** vom Ende des 15. Jahrhunderts erhalten.

Die bedeutendste Sehenswürdigkeit der Stadt ist die 3 **Landesburg** mit ihren drei Türmen. Von 1396 bis 1400 wurde sie auf Betreiben des Kölner Erzbischofs Friedrich III. von Saarwerden errichtet.

*Nach rechts erreichen Sie am **Knotenpunkt** 11 den Bahnhof Kempen, Ihren Ausgangspunkt.*

E-Bike Ladestationen an oder nahe der Route

Mühlencafé
Bäckerei Hoenen GmbH
Engerstraße 4, Kempen
Radsport Claassen
Judenstraße 24, Kempen
Toni's Bauerncafe
Tetendonk 13, Grefrath
Markt Grefrath
Markt 5, Grefrath-Oedt
E-Center Steves
Hessenring 25, Kempen

De Wittsee

NETTE SEEN

Rundtour von Nettetal-Breyell über Krickenbecker Seen und Hinsbeck

Entlang des Flüsschens Nette und Seen, die schon vor Jahrhunderten durch Abtorfung von Niedermooren entstanden und heute einer Vielzahl von Wasservögeln als Heimat dienen, führt die kurze Tour weitgehend über asphaltierte Wirtschaftswege. Für die Landschaft am Niederrhein eher ungewöhnlich ist die Steigung vor Hinsbeck.

Was erwartet mich?

29 km, eine Tour vielfach entlang von Seen und Wasserläufen aber auch mit einer deutlichen Steigung vor Hinsbeck, überwiegend auf asphaltierten Wirtschaftswegen.

Wie komm' ich hin?

ÖPNV:
Bahnhof Nettetal-Breyell
Mit dem Auto:
A 61 Ausfahrt Nettetal, Richtung Breyell, im Ort: Josefstraße

Was muss ich sehen?

1 **Infozentrum der Biologischen Station Krickenbecker Seen**
2 **Turmwindmühle** in Hinsbeck

Wo tank' ich auf?

Restaurant Yamas im Haus Waldesruh
Heide 7, Nettetal
Hotel Restaurant am Krickenbecker See
Krickenbecker Allee 38, Nettetal
Café Restaurant de Wittsee
Am Wittsee 25, Nettetal

Kartentipp: **ADFC Regionalkarte Niederrhein Süd**

Krickenbecker Seen

TOURSTART

Sie starten am Bahnhof in Nettetal-Breyell. Der Bahnhof ist ebenerdig. Sie brauchen Ihr E-Bike keine Treppen hinauf oder herunter zu tragen. (Achtung: fahren Sie nicht zur Station Kaldenkirchen, der dortige Bahnhof hat nur Treppen!)

Vom Bahnhof fahren Sie links und folgen den Schildern in einem Bogen zum ***Knotenpunkt*** *14 und dort links weiter über die 62 (in Kaldenkirchen) und 61 zum* ***Knotenpunkt*** *3 in Leuth. Danach folgen die* ***Knoten*** *6, 2 und 47.*

Sie passieren dabei die **Krickenbecker Seen**. Diese Seenplatte ist durch die Abtorfung von Niedermooren in der Zeit vom 16. bis zum 19. Jahrhundert entstanden. Seit 1938 ist der Bereich der Krickenbecker Seen **Naturschutzgebiet**. Die Seen bieten vielerlei Wasservögeln, darunter Enten, Graureiher, Haubentaucher, Rallen und Rohrsänger einen idealen Lebensraum. Auch verschiedene Fischarten wie Karpfen, Hechte und Weißfische tummeln sich in den Gewässern.

Etwas versteckt in einem Park befindet sich **Schloss Krickenbeck**. Die um die Mitte des 13. Jahrhunderts errichtete Wasserburg wurde mehrfach umgestaltet.

Reisemobilstellplätze an oder nahe der Route

Wohnmobilstellplatz am Krickenbecker See
Krickenbecker Allee 38,
Nettetal

Wohnmobilstellplatz Heide
Heide 7,
Nettetal

Nach einem Brand wurde zwischen 1903 bis 1904 ein dreiflügeliges Schloss im Stil der Neorenaissance unter Einbeziehung älterer Gebäudereste erbaut.

Nach Überqueren der Brücke erreichen Sie das 1 **Infozentrum der Biologischen Station Krickenbecker Seen**, das Wissenswertes über die Geologie des Nettetals, die heimische Tier- und Pflanzenwelt und über die Arbeit der Biologischen Station vermittelt. Ein stählerner Steg führt in einigen Metern Höhe über die Uferzone und bietet eine Aussichtsplattform.

Im nahegelegenen **Textilmuseum „Die Scheune"** dokumentieren Exponate die Entwicklungsgeschichte niederrheinischer Textilmanufaktur. Ausgestellt sind Rohstoffe, Arbeitsgeräte, Werkzeuge, Gewebe sowie funktionierende Spinngeräte und Handwebstühle.

*Nach links geht es weiter über die **Knotenpunkte** 21 und 45 zur 86 in Hinsbeck.*

Stammenmühle in Hinsbeck

Schloss Krickenbeck

Kurz vor Hinsbeck gibt es eine für den Niederrhein ungewöhnliche Steigung. Zur Belohnung passieren Sie die 2 **Stammenmühle**. Die **Turmwindmühle** mit Steert wurde 1854 aus Backstein errichtet. Später kam ein Bauernhof hinzu, auf dem 1913 eine Diesel betriebene Mühle eingerichtet wurde. Die Windmühle kam nur noch selten zum Einsatz und 1928 wurde ihr Betrieb eingestellt. 1955 wurde die Mühle zu Wohnzwecken umgebaut und 1995 kernsaniert. Sie ist heute die Werkstatt eines Geigenbauers. Im Untergeschoss der Mühle befindet sich ein kleiner Konzertsaal.

*Den Ort verlassen Sie nach rechts, über eine große Kreuzung geradeaus Richtung Nettetal und weiter über die **Knotenpunkte** 87, 13 und 1 zum **Knotenpunkt** 14, wo Sie nach links auf dem gleichen Weg wie auf der Hinfahrt Ihren Ausgangspunkt, den Bahnhof in Breyell, erreichen.*

E-Bike Ladestationen an oder nahe der Route

Restaurant Birkenhof
Heerstraße 60,
Nettetal-Leuth
Hotel Restaurant Am Krickenbecker See
Krickenbecker Allee 38, Nettetal-Hinsbeck
Restaurant Secretis
Schlöp 10,
Nettetal-Hinsbeck
Rathaus
Doerkesplatz 11,
Nettetal-Lobberich

Narrenmühle

ZUR NARRENMÜHLE NACH DÜLKEN

Eine Rundtour von Viersen über Schwalmtal und Brüggen

Eine Tour auf den Spuren rheinischen Frohsinns und durch das landschaftlich reizvolle Tal der Schwalm.

Was erwartet mich?

55 km, überwiegend auf naturbelassenen und asphaltierten Wegen durch eine mitunter etwas wellige Landschaft.

Wie komm' ich hin?

ÖPNV:

Bahnhof Viersen

Mit dem Auto:

A 61 Ausfahrt Viersen, dort: Gerhart-Hauptmann-Straße

Was muss ich sehen?

1 **Dülkener Narrenmühle** in Viersen-Dülken

2 **Mühlrather Mühle**

3 **Burg Brüggen**

Wo tank' ich auf?

Nida-Team Dammer – Das etwas andere Restaurant

Lange Str. 9, Viersen-Dülken

Restaurant Mühlrather-Mühle

Mühlrather Mühle 2, Schwalmtal

Torschänke Brüggen

Klosterstraße 11, Brüggen

Kartentipp: **ADFC Regionalkarte Niederrhein Süd**

TOURSTART

Sie starten am Bahnhof in Viersen. Der Bahnhof verfügt über Aufzüge. Sie brauchen somit Ihr E-Bike keine Treppen hinauf oder herunter zu tragen.

*Vom Bahnhof radeln Sie Richtung **Knotenpunkt** 69, biegen aber direkt hinter den Bahnschienen rechts ab und fahren über die 25 zur 54.*

Galerie im Park

Auf der Route passieren Sie die **„Galerie im Park"**, eine ehemalige Fabrikantenvilla, die 1869 im Stil der Neorenaissance errichtet wurde. 1899 wurde sie Eigentum der Firma Kaisers Kaffeegeschäft, die in Viersen ihren Stammsitz hatte. Seit 1973 gehört die Gründerzeit-Villa der Stadt. Die Galerie birgt eine bedeutende Sammlung an Grafiken vom Ende des 15. Jahrhunderts bis zur Gegenwart. Dazu gehören Werke von Rembrandt, Rubens, Albrecht Dürer, Marc Chagall, Picasso, Braque, Fernand Léger und Joan Miró, Lyonel Feininger, Kokoschka, Paul Klee und Emil Nolde. Auch 40 Fotografien von August Sander gehören zur Sammlung.

*Geradeaus weiter erreichen Sie den **Knotenpunkt** 40 in Viersen-Dülken und weiter wieder aus der Stadt heraus den **Knoten** 20.*

Narrenmühle

Dabei passieren Sie die 1 **Narrenmühle**, eine **Bockwindmühle** mit Segelgatterflügeln, Steertflügelnachführung und – als Seltenheit – mit ziegelummauertem Ständer, der auch als „Bock" für diese Mühlenart namensgebend ist. Die Mühle wurde 1809 errichtet und ursprünglich als Kornmühle genutzt. 1906 kam sie in städtischen Besitz und wurde als Museum eingerichtet.

1950 wurde die Mühle an die **Dülkener Narrenakademie**, die „Berittene Akademie der Künste und Wissenschaft" (Academia Equestris Artium et Scientiarum), übergeben, die darin ein Narrenmuseum unterhält und im oberen Teil ihre Narrensitzungen abhält.

Zu Karnevalsbeginn am 11.11. jedes Jahres treten die Mitglieder der Narrenakademie ihren „Narrenritt" auf hölzernen Steckenpferden um die Windmühle an und eröffnen damit die Dülkener Fastnachtssession. Dieser traditionelle Ritt um die Narrenmühle kann bis ins 18. Jahrhundert zurückverfolgt werden. Alte Orden, Fahnen, Hüte und Bücher, die dies belegen, sind im Museum der Mühle zu bewundern.

Pfarrkirche St. Michael

Die Narrenakademie kann auf eine jahrhundertealte Tradition zurückblicken. Zur Zeit des Konstanzer Konzils (1414–1418) verkündete Herzog Adolf II., dass „... nun die Bürger unserer getreuen Stadt Dülken des Narrentums nicht länger ledig gehen wollen und eine bürgerliche Akademie gründen." Um 1554 fand schließlich die proklamierte Gründung der „erleuchteten Monduniversität" (Illuminata universitas lunaris) tatsächlich statt, an der Hofnarren akademische Grade erwerben konnten.

*Am **Knotenpunkt** 20 biegen Sie links ab zur 24 in Waldniel in der Gemeinde Schwalmtal.*

Mühlrather Mühle

Die in den Jahren 1879 bis 1883 erbaute neugotische **Pfarrkirche St. Michael** am historischen Marktplatz wird wegen ihrer Höhe von 84 m von den Schwalmtalern gerne als „Schwalmtaldom" bezeichnet.

*Geradeaus weiter folgen Sie den Schildern zu den **Knotenpunkten** 38 und 91 und 90 in Born.*

Dabei passieren Sie die um 1800 errichtete 2 **Mühlrather Mühle** an der Schwalm, am Ablauf des Hariksees. Als einzige Mühle an der Schwalm verfügt sie über zwei Wasserräder, eines aus Holz, das andere – 1905 errichtet – aus Eisen. 1937 wurde der Mahlbetrieb

Reisemobilstellplätze an oder nahe der Route

Wohnmobilstellplatz Brüggen

Borner Straße 53, Brüggen

eingestellt und die Mühle noch bis 1960 als Sägemühle betrieben. Seither wird die Mühlrather Mühle als Restaurant genutzt. Mit dem Eisenrad wird seit 1995 ein elektrischer Generator zur Stromerzeugung betrieben. Das Holzrad wurde 2002 originalgetreu erneuert.

Am **Knotenpunkt 90** erreichen Sie den **Borner See**. Entstanden ist der See im 16. bis 18. Jahrhundert durch den Abbau von Torf, der als Brennmaterial genutzt wurde. Später verlandete er und wurde in den 1970er Jahren als Wasserrückhaltebecken zum Hochwasserschutz wieder ausgehoben.

*Unsere Tour führt nach links zum **Knotenpunkt 27** in Brüggen.*

Die **Brüggener Mühle** in Sichtweite der Burg Brüggen wurde in ihrer ersten urkundlichen Erwähnung als Burgmühle bezeichnet. Nach der Schließung 1955 wurde sie in ein Restaurant umgewandelt, in dem auch das Mahlwerk zu sehen ist. Das heutige eiserne Wasserrad treibt einen elektrischen Generator an.

Die **3 Burg Brüggen** war im Mittelalter von einem 14 Meter breiten Wassergraben umgeben und besaß vier runde Ecktürme. Die einstigen Bauten sind heute nur noch teilweise vorhanden. Vollständig erhalten oder

Brüggener Mühle und Burg Brüggen

wieder aufgebaut sind der dreigeschossige Palas und der sich daran anschließende runde Südwest-Turm der Burg sowie der aus Backstein errichtete Torbau der Vorburg. Dem Turm wurde 1994 ein Kegelhelm nach Vorbildern aus dem 17. Jahrhundert aufgesetzt. In der Burg zeigt ein **regionales Jagd- und Naturkundemuseum** einheimische, zum Teil schon ausgestorbene Tierarten sowie Waffen aus der Steinzeit bis zum 19. Jahrhundert.

Das Hotel „Brüggener Klimp" ist das alte Brüggener Bahnhofsgebäude. Zwischen 1890 und 1966 fuhren Personenzüge zwischen Brüggen und Dülken, heute ein Ortsteil von Viersen. Gebaut wurde die Bahnstrecke allerdings in erster Linie für den Transport der rings um Brüggen produzierten Dachziegel und Tonröhren. 1975 befuhr der letzte Güterzug die Bahnstrecke. Im Volksmund wurde die Bahn als Brüggener Klimp bezeichnet. Diesen Namen hat das Hotel übernommen. Vor dem Gebäude erinnert eine alte Dampflok an die Eisenbahngeschichte.

*Von Brüggen radeln Sie weiter über die **Knotenpunkte** 59, 50, 37, 92 (am Bahnhof Dülken), 66 und 54 zum **Knotenpunkt** 5 in Viersen. Nach links gelangen Sie über den **Knotenpunkt** 69 zum Bahnhof Viersen, Ihrem Ausgangspunkt.*

E-Bike Ladestationen an oder nahe der Route

NEW KundenCenter am Stadthaus
Rathausmarkt 1, Viersen

Mühlrather Mühle
Mühlrather Mühle 2, Schwalmtal

RWE Ladestation
Klosterstraße 38 Brüggen

Windmühle Breberen

Tour 21 Länge 42 km

WINDMÜHLEN ZWISCHEN HEINSBERG UND GANGELT

Rundtour von Heinsberg über Waldfeucht und Gangelt

Die Tour führt durch die leicht wellige Felderlandschaft südwestlich von Heinsberg, in der stolze Windmühlen weithin sichtbar sind.

<table>
<tr>
<td>

Was erwartet mich?

41,6 km, eine Tour durch die Felderlandschaft, überwiegend auf asphaltierten oder geschotterten Wirtschaftswegen.

Wie komm' ich hin?

ÖPNV:
Bahnhof Heinsberg

</td>
<td>

Mit dem Auto:
A 46 und weiter B 221 nach Heinsberg,
dort zur Ostpromenade

Was muss ich sehen?

1 **Torbogenhaus** in Heinsberg
2 **mittelalterliche Stadtbefestigung** in Heinsberg
3 **Museumswindmühle Breberen** in Gangelt
4 **Altstadt** in Gangelt

</td>
<td>

Wo tank' ich auf?

Café aan de Müehle
Waldfeuchter Str.,
Gangelt-Breberen
Altes Rathaus Gangelt
Markt 8, Gangelt
Mühlentreff
Großer Pley 57,
Gangelt-Birgden

</td>
</tr>
</table>

Kartentipp: **ADFC Regionalkarte Niederrhein Süd**

TOURSTART

Sie starten am Bahnhof Heinsberg. Der Bahnsteig ist ebenerdig, so dass Sie Ihr E-Bike keine Treppen hinauf oder herunter zu tragen brauchen.

*Vom Bahnhof steuern Sie nach links den **Knotenpunkt** 20 an, biegen aber schon am Marktplatz rechts in die Liecker Straße.*

Im Ortszentrum passieren Sie in der oberen Hochstraße das sehenswerte Gebäudeensemble aus der Propstei, dem **Lennartzschen Haus** aus dem 15. und dem 1 **Torbogenhaus** aus dem 16. Jahrhundert. Hier zeigt das **BEGAS HAUS**, Museum für Kunst und Regionalgeschichte Heinsberg, Werke der aus Heinsberg stammenden Berliner Künstlerdynastie Begas sowie regional- und stadtgeschichtliche Exponate.

Bild links: Torbogenhaus in Heinsberg

Bild unten: BEGAS HAUS

Tour
21

Stiftskirche St. Gangolf in Heinsberg

An der Hochstraße steht auch eines der wenigen erhaltenen Heinsberger Bürgerhäuser. Nach dem Stadtbrand von 1635 ließ es die Familie von dem Bruch 1636 neu erbauen, es hat heute eine barocke Front aus dem 18. Jahrhundert. Daneben dominiert ein modernes Bankgebäude das Straßenbild. In der Hochstraße erfand **Eugen Verpoorten** im Jahre 1876 in Heinsberg den Eierlikör. Sein Haus wurde bei einem Bombenangriff 1944 zerstört.

Von der Hochstraße führt ein Weg zur **Stiftskirche St. Gangolf**, eine dreischiffige Hallenkirche aus dem 15. Jahrhundert, die auch als „Selfkant-Dom" bezeichnet wird. Oberhalb der Kirche sind Teile der 2 **mittelalterlichen Stadtbefestigung** mit zwei Wehrtürmen und Teilen der Stadtmauer von Anfang bis Mitte des 16. Jahrhunderts erhalten.

*Über die Niederrheinroute gelangen Sie zum **Knotenpunkt** 12 und weiter geradeaus zur 49 in Braunsrath.*

Kirchbergplateau in Heinsberg

Die **Wallfahrtskapelle Maria Lind** im beschaulichen Ortsteil Braunsrath der Gemeinde Waldfeucht wurde 1749 für eine kleine Statue der Muttergottes mit Kind aus dem 17. Jahrhundert errichtet. Neben ihr steht ein 1985 eingeweihtes **Klarissen-Kloster**.

*Unsere Tour geht links weiter zum **Knotenpunkt** 48 hinter Bocket.*

Im Ortsteil **Bocket** passieren sie den Mühlenstumpf einer ehemaligen **Turmwindmühle** vom Typ Erdholländer. Dieser Mühlentyp wurde ebenerdig ohne steinernes Erdgeschoss gebaut. Die Flügelenden befanden sich nahe dem Erdboden. Die Mühle wurde 1840 erbaut und war bis 1915 in Betrieb. Heute wird sie privat bewohnt.

Hinter dem **Knotenpunkt** 48 sehen Sie die Windmühle von Waldfeucht (s. Tour 22).

Mühlenstumpf in Bocket

*Nun geht es nach links über den **Knotenpunkt**  47 zur 54.*

Gangelter Muhrepenn

Die heutige 3 **Museumswindmühle Breberen** wurde als Turmwindmühle vom Typ Bergholländer auf einem künstlichen Erdwall errichtet, um das Flügelrad höher in den Wind zu bringen. Die Mühle in Breberen ist eine der wenigen erhaltenen Mühlen mit einem Bilau-Flügelwerk. Diese um 1930 vom deutschen Erfinder Kurt Bilau entwickelten Ventikantenflügel aus Metall orientierten sich an der aerodynamischen Form eines Flugzeugflügels. Sie hatten den Vorteil, dass man sie ganz öffnen konnte, um die Mühle still zu setzen. Durch unterschiedliche Öffnung des Spalts ließ sich auch die Drehgeschwindigkeit regulieren, ohne die Flügel anzuhalten. Damit ließ sich die Windkraftausbeute deutlich erhöhen. Die Mühle ist voll funktionsfähig und wird regelmäßig betrieben.

*Noch vor der Mühle biegen Sie links ab und gelangen zum **Knotenpunkt** 55.*

Das ehemalige Rittergut **Haus Altenburg** wurde in seiner heutigen Form im 17. und 18. Jahrhundert errichtet. Es besteht aus einer dreiseitigen zweigeschossigen Vorburg und aus einem über eine Brücke erreichbaren dreiflügeligen Herrenhaus. Alle Bauten sind aus Backstein gemauert. Das Schloss befindet sich bis heute im Besitz der Familie Graf von und zu Hoensbroech.

Reisemobilstellplätze an oder nahe der Route

Wohnmobilstellplatz am Freizeitzentrum
Tilder Weg, Waldfeucht
Wohnmobilstellplatz Gangelt
Am Freibad 13, Gangelt

*Am **Knoten** 55 geht es nach rechts und weiter durch Gangelt hindurch zum **Knotenpunkt** 51.*

Ins 4 **Ortszentrum** gelangen Sie durch das **Heinsberger Tor**, einst Teil der Stadtbefestigung aus der Zeit um 1400, von der noch Teile, darunter das **Bruchtor** erhalten geblieben sind. Von der im 14. Jahrhundert erbauten und 1791 abgerissenen Burg Gangelt steht nur noch Bergfried.

An eine Episode der Stadtgeschichte erinnert am alten Rathaus die Skulptur einer Gans mit einer Möhre im Schnabel, die **„Gangelter Muhrepenn"**. Bei einer mit-

telalterlichen Belagerung der Stadt wurde das Bruchtor von einem schlaftrunkenen Wachsoldaten mangels eines richtigen Pins mit einer Möhre „verriegelt“. Frühmorgens knabberten Gänse die Möhre weg, so dass die Feinde ungehindert eindringen und den Ort plündern konnten. Daneben ist auch die Nachbildung eines alten Schandpfahles zu sehen.

Die **Pfarrkirche St. Nikolaus** stammt aus dem im 14. und 15. Jahrhundert und wurde bei der Restaurierung 1860 umgestaltet.

*Auf der Rückfahrt kommen Sie nun über die **Knotenpunkte** 57, 56, 19 und 12 zum **Knoten** 20 in Heinsberg und weiter in Richtung **Knotenpunkt** 11 zum Bahnhof, Ihrem Ausgangsort.*

Heinsberger Tor in Gangelt

E-Bike Ladestationen an oder nahe der Route

Ladestation

Lago Laporello
Fritz-Bauer-Straße,
Heinsberg

Kreissparkasse Heinsberg
Brabanter Straße 66,
Waldfeucht

Parkplatz
Am Freibad, Gangelt

Burg Wassenberg

Tour 22 Länge 40 km

SCHLÖSSER UND BURGEN

Rundtour von Heinsberg über Wassenberg und Waldfeucht

Die abwechslungsreiche Tour verbindet Burgen und Schlösser im äußersten Westen des Kreises Heinsberg. Sie verläuft zum Teil in unmittelbarer Nähe zur niederländischen Grenze.

Was erwartet mich?

39,7 km, eine abwechslungsreiche Tour zum Teil durch welliges Land überwiegend auf asphaltierten oder naturbelassenen Wirtschaftswegen.

Wie komm' ich hin?

ÖPNV:
Bahnhof Heinsberg

Mit dem Auto:
A 46 und weiter B 221 nach Heinsberg, dort zur Ostpromenade

Was muss ich sehen?

1 **Burg Wassenberg**
2 **Wasserschloss Haus Effeld** in Wassenberg
3 **Torbogenhaus** in Heinsberg
4 **mittelalterliche Stadtbefestigung** in Heinsberg

Wo tank' ich auf?

Restaurant Ohlenforst
Kreuzstraße 4,
Wassenberg-Effeld

Landgasthof „Haus Lutgen"
Paulisweg 40,
Waldfeucht-Haaren

Kartentipp: **ADFC Regionalkarte Niederrhein Süd**

TOURSTART

Sie starten am Bahnhof Heinsberg. Der Bahnsteig ist ebenerdig. Sie brauchen Ihr E-Bike keine Treppen hinauf oder herunter zu tragen.

*Vom Bahnhof radeln Sie rechts über den **Knotenpunkt** 11 zur 22 an der Rur.*

Dieser 165 Kilometer lange Fluss entspringt im Hohen Venn in Belgien unweit von Aachen und mündet schließlich bei Roermond in die Maas.

*Über die Rur hinweg geht es weiter zum **Knotenpunkt** 21 in Wassenberg.*

Stadttor Wassenberg

Über der Stadt steht der Bergfried von 1420, darunter die 1 **Burg Wassenberg**. Als Gründungsurkunde der Stadt gilt die Schenkung von Burg und Land Wassenberg durch Kaiser Heinrich II. 1020 an Gerardus von Antoing, der sich von da an Gerhard Graf von Wassenberg nannte. Die Herren von Wassenberg erweiterten ihr Gebiet in den nächsten Generationen zur Grafschaft Geldern, aus der später die Herzogtümer Jülich, Kleve und Berg entstanden. Die Burg Wassenberg, neben Kleve und Liedberg eine der drei Höhenburgen am Niederrhein, bestand allerdings schon länger und ging vermutlich auf eine römische Wehranlage zurück.

Im Jahre 1206 bekämpften sich die beiden Kontrahenten um die deutsche Königskrone, der Staufer Philipp von Schwaben und der Welfe Otto IV. in einer Schlacht in der Rurniederung bei Wassenberg. Ottos Heer wurde geschlagen und Wassenberg von den Truppen Philipps geplündert und verwüstet. Schon 1273 erhielt Wassenberg Stadtrechte.

In der Burg ist heute ein Hotel-Restaurant untergebracht.

Die **Propsteikirche** war bis zur Zerstörung im Zweiten Weltkrieg eine dreischiffige romanische Pfeilerbasilika aus der ersten Hälfte des 12. Jahrhunderts mit einem mächtigen Westturm aus dem 15. Jahrhundert. Das Kirchenschiff wurde nach dem Krieg durch einen Neubau ersetzt. Im Innern der Kirche ist eine reich verzierte Rokokokanzel aus dem Jahr 1782 sehenswert.

Wasserschloss Elsum

Nach links führt unsere Tour durch Eulenbusch zum ***Knotenpunkt*** *28.*

Das 2 **Wasserschloss Elsum** entwickelte sich von einem befestigten Hof über eine Motte zu einer zweiteiligen, wasserumwehrten Burganlage, die in der frühen Neuzeit zu einem Wasserschloss umgebaut wurde. Die Kernburg wurde zu Beginn des 16. Jahrhunderts erbaut, die Vorburg im ersten Viertel des 17. Jahrhunderts. **Schloss Elsum** befindet sich in Privatbesitz, eine Besichtigung ist nicht möglich.

Vom ***Knoten*** *28 radeln Sie links und über den* ***Knotenpunkt*** *24 zur 25 in Effeld und in einem Bogen wieder aus der Stadt heraus zur 15.*

Das Herrenhaus des Wasserschlosses Haus Effeld stammt ursprünglich aus dem 15. Jahrhundert und wurde zu Beginn des 17. Jahrhunderts umgebaut. Zwei dreigeschossige quadratische Türme sichern die Gebäudeecken der Außenfront. An der Langseite steht ein größerer Turm mit einem rundbogigen Renaissance-Portal. Auch Schloss Effeld befindet sich in Privatbesitz, eine Besichtigung ist nicht möglich.

Die Gemeinde Effeld ist bekannt für ihren guten Spargel, der auf besonders geeigneten Sandböden wächst.

*Hier queren Sie wieder die Rur und radeln weiter über die **Knotenpunkte** 14 und 35 zum **Knotenpunkt** 33.*

Von der **Motte Bolleberg**, einer Flieh- und Wehranlage, ist noch der Erdhügel in einem ehemaligen

Waldfeuchter Windmühle

Sumpfgebiet gut zu erkennen. Sie wurde vermutlich im 9. Jahrhundert errichtet.

Aus dem 17. bis 18. Jahrhundert stammt das „Schlösschen", ein zweigeschossiger weißer Ziegelbau, der heute als Rathaus genutzt wird.

*Vom **Knoten** 33 geht es scharf links über die 31 in Waldfeucht zum **Knotenpunkt** 48.*

Am Ortseingang steht die **Waldfeuchter Windmühle**, eine Turmwindmühle vom Typ Erdholländer. Sie wurde 1897 erbaut und gilt als jüngste Windmühle im Rheinland. Eine erste Bockwindmühle war bereits um 1590 erbaut worden, aber im 19. Jahrhundert umgestürzt. Die Waldfeuchter Mühle wird heute von Müllern des Mühlenverein-Selfkant zum Mahlen von Getreide genutzt.

Reisemobilstellplätze an oder nahe der Route

Wohnmobilstellplatz am Parkbad
Auf dem Taubenkamp 2, Wassenberg

Wohnmobilstellplatz am Freizeitzentrum
Tilder Weg, Waldfeucht

*Sie radeln geradeaus weiter über den **Knotenpunkt** 49 zur 12.*

Die **Wallfahrtskapelle Maria Lind** im beschaulichen Ortsteil Braunsrath der Gemeinde Waldfeucht wurde 1749 für eine kleine Statue der Muttergottes mit Kind aus dem 17. Jahrhundert errichtet. Neben ihr steht ein 1985 eingeweihtes ***Klarissen-Kloster***.

*Fast schon am Ziel geht es nun weiter zum **Knotenpunkt** 20 in Heinsberg.*

Im Ortszentrum passieren Sie in der oberen Hochstraße das sehenswerte Gebäudeensemble aus der Propstei, dem **Lennartzschen Haus** aus dem 15. und dem 3 **Torbogenhaus** aus dem 16. Jahrhundert. Hier zeigt das **BEGAS HAUS**, Museum für Kunst und Regionalgeschichte Heinsberg, Werke der aus Heinsberg stammenden Berliner Künstlerdynastie Begas sowie regional- und stadtgeschichtliche Exponate.

Kirchberg in Heinsberg

An der Hochstraße steht auch eines der wenigen erhaltenen Heinsberger Bürgerhäuser. Nach dem Stadtbrand von 1635 ließ es die Familie von dem Bruch 1636 neu erbauen, es hat heute eine barocke Front aus dem 18. Jahrhundert. Daneben dominiert ein modernes Bankgebäude das Straßenbild. In der Hochstraße erfand Eugen Verpoorten im Jahre 1876 in Heinsberg den Eierlikör. Sein Haus wurde bei einem Bombenangriff 1944 zerstört.

Von der Hochstraße führt ein Weg zur **Stiftskirche St. Gangolf**, eine dreischiffige Hallenkirche aus dem 15. Jahrhundert, die auch als „Selfkant-Dom" bezeichnet wird. Oberhalb der Kirche sind Teile der 4 **mittelalterlichen Stadtbefestigung** mit zwei Wehrtürmen und Teilen der Stadtmauer von Anfang bis Mitte des 16. Jahrhunderts erhalten.

Zurück zum Bahnhof Heinsberg, Ihrem Ausgangspunkt, radeln Sie weiter in Richtung ***Knotenpunkt*** *11.*

E-Bike Ladestationen an oder nahe der Route

Ladestation Lago Laporello
Fritz-Bauer-Straße, Heinsberg

Restaurant Unterstadt
Am Roßtor 1, Wassenberg,

Kreissparkasse Heinsberg
Brabanter Straße 66, Waldfeucht

Schloss Tüschenbroich

Tour 23 Länge 47 km

KOHLE, FLACHS UND WEIDEN

Rundtour von Wegberg über Wassenberg, Hückelhoven und Erkelenz

Die Route führt durch die Felderlandschaft zwischen Wegberg, Hückelhoven und Erkelenz zu ehemaligen Zentren des Flachsanbaus und der Steinkohleförderung.

Was erwartet mich?

47,5 km, eine abwechslungsreiche Tour überwiegend auf naturbelassenen Wegen und kleinen Straßen durch eine mitunter wellige Landschaft.

Wie komm' ich hin?

ÖPNV:
Bahnhof in Wegberg

Mit dem Auto:
A 61 Ausfahrt Mönchengladbach-Holt, B 57, in Wegberg: Bahnhofstraße

Was muss ich sehen?

1. **Naturschutzstation Haus Wildenrath** in Wegberg
2. **Schachtgerüst „Schacht 3"** in Hückelhoven
3. **Flachsmuseum** in Wegberg-Beeck

Wo tank' ich auf?

Zur Post
Heinsberger Str. 67, Wegberg-Wildenrath

Oerather Muhle
Roermonder Str. 36, Erkelenz

Beecker Brauhaus
Pramienstrase 57, Wegberg-Beeck

Kartentipp: **ADFC Regionalkarte Niederrhein Süd**

TOURSTART

Sie starten am Bahnhof in Wegberg. Der Bahnsteig ist ebenerdig, so dass Sie Ihr E-Bike keine Treppen hinauf oder herunter zu tragen brauchen.

Vom Bahnhof radeln Sie über die Bahngleise hinweg zum ***Knotenpunkt*** *71 im Stadtzentrum.*

Burg Wegberg

Das **Kreuzherrenkloster** wurde erstmalig 1744 erwähnt. Der Kreuzherrenorden hatte mehrere Niederlassungen in der Umgebung. Das Kloster ist eine dreigeschossige, dreiflügelige Anlage aus Backstein. Die Türgewände und das Portal sind in Blaustein gefasst.

Hinter dem Rathaus steht die **Wegberger Mühle**, eine ehemalige Öl- und Kornmühle am Ufer der noch jungen Schwalm. 1927 wurde die Nutzung des Wasserrades eingestellt und die Mühle mit einem Elektromotor bis 1960 weiter betrieben.

Im anschließenden Park steht die **Burg Wegberg**. Das zweigeschossige Herrenhaus aus Backstein stammt vom Ende des 19. Jahrhunderts und wird heute als Hotel-Restaurant genutzt. Die Grafen von Nesselrode-Ehreshoven verkauften die Burg samt Grundbesitz 1869 an einen Herrn Kaufmann-Asser. Später wurden die Gebäude der Burganlage fast vollständig abgerissen und ein neues Wohnhaus und ein Fabrikgebäude errichtet.

Sie folgen weiter den Schildern zum ***Knotenpunkt*** .

Schloss Tüschenbroich geht auf die heute von Bäumen überwachsene Motte im Mühlweiher zurück. 1624 kaufte Franz von Spiering das im Dreißigjährigen Krieg zerstörte Tüschenbroich und ließ eine barocke Schlossanlage in Ziegelbauweise neu errichten. Das Schloss Tüschenbroich ist heute in Privatbesitz. In der ehemaligen Getreidemühle des Schlosses ist ein Restaurant eingerichtet.

Haus Wildenrath

*Vom Schloss fahren Sie durch Tüschenbroich über den **Knotenpunkt** 73 zur 74.*

Sie passieren das Prüfcenter Wegberg-Wildenrath der Siemens Mobility GmbH. Dort werden auf einem 28 Kilometer langen Gleisnetz Schienenfahrzeuge und Eisenbahnsysteme getestet.

1 **Haus Wildenrath** war einst ein Fronhof des Grafen von Wassenberg. Die heutige Hofanlage als Vierkanthof im fränkischen Stil stammt mit seinem denkmalgeschützten Wohnhaus aus dem frühen 19. Jahrhundert. Bis Mitte der 1960iger Jahre wurde hier Landwirtschaft betrieben. 1968 wurde im Haus Wildenrath die erste Umweltbildungseinrichtung Deutschlands, der **„Naturlehrpark Haus Wildenrath"**, im neu gegründeten Naturpark Schwalm-Nette eröffnet. Auf dem Hof der Naturschutzstation werden alte und seltene Haustierrassen gehalten. Dazu gehören

Gänse (Leine-Gans, Pommern-Gans), Hühner (Deutsche Sperber), Schweine (Bentheimer Landschweine), Schafe (Moorschnucken, Heidschnucken, Coburger Füchse, Schwarze Blessschafe Mix) und Ponys (Shetlandpony, Dülmener Wildpferd, Welsh-Mountain).

*Am Kreisel geht es nun links über die **Knotenpunkte** 29 und links 93 zum **Knoten** 91 in Hückelhoven.*

Die Stadt im Aachener Steinkohlerevier besaß lange Zeit die modernste Steinkohlenzeche Europas, die von 1908 bis 1997 das Stadtbild und mit ihren 6000 Arbeitsplätzen das Leben der Menschen prägte. Die Zeche wurde am 27. März 1997 geschlossen. Nach der Stilllegung haben sich im Jahre 1997 Bürgerinnen und Bürger in Hückelhoven dafür eingesetzt, das 2 **Schachtgerüst „Schacht 3"** als Denkmal zu erhalten. Heute ist „Schacht 3" mit dem Maschinenhaus, der Schachthalle und dem Barbarastollen ein **Museum der Industriekultur**. Der Förderverein „Schacht 3" bietet für Gruppen ab zehn Personen eine Führung an.

*Von Hückelhoven fahren Sie weiter geradeaus über den **Knoten** 99 und entlang der Rur zum **Knotenpunkt** 98.*

Sie passieren das **Korbmacher-Museum** in **Hilfarth**. Es erinnert an ein traditionsreiches Handwerk, das in Hückelhoven erstmals 1530 urkundlich erwähnt wurde. Entlang der Rur und der Wurm reihten sich über Jahrhunderte die Korbmacherdörfer aneinander. Durch den enormen Verbrauch von Weiden in der Zeit der Industrialisierung wurden ab der 2. Hälfte des 19. Jahrhunderts systematisch Weidenzuchtkulturen angelegt. In der Region arbeiteten um 1950 ca. 1500 Korbmacher, davon allein in Hilfarth ca. 200 Korbmacher in ihren Kleinwerkstätten für 4 Hilfarther Großhändler und für eine Verkaufsgenossenschaft. In Hilfarth gab es sogar Berufsschul-Unterricht in der Volksschule. 1958 legten noch zehn Lehrlinge die Gesellenprüfung und acht Gesellen die Meisterprüfung ab. Billigimporte und Plastikkörbe führten zwischen 1957 und 1961 zum Aussterben dieses Handwerks.

Das Museum ist nur sonntags am Nachmittag und montags am Vormittag geöffnet. Ein Korbmacher demonstriert dann in seiner Werkstatt das Flechten

Besucherbergwerk in Hückelhoven

Altes Rathaus in Erkelenz

Reisemobilstellplätze an oder nahe der Route

Reisemobilhafen am Hallenbad
Maaseiker Straße 67, Wegberg

Reisemobilstellplatz Huckelhoven Haldenblick
Jacobastraße 68, Hückelhoven

Wohnmobilstellplatz an der Ruraue
Rheinstraße 8, Hückelhoven

Wohnmobilstellplatz am Bauxhof
Bauxhof, Erkelenz

von Körben. Außerhalb dieser Zeiten kann eine Führung vereinbart werden.

*Unsere Tour führt nun wieder auf die andere Seite der Rur, durch Doveren und zum **Knotenpunkt** 94.*

Sie passieren das **Haus Kleinkünkel**, eine ehemalige Wasserburg, die 1587 errichtet und mehrfach umgebaut wurde. Das Haus befindet sich in Privatbesitz und ist nicht zu besichtigen.

*Sie radeln weiter über die **Knotenpunkte** 83 in Hetzerath und 82 zum **Knotenpunkt** 81 in Erkelenz.*

Die Route durch die Stadt führt nicht unmittelbar zu den Sehenswürdigkeiten. Dazu bietet sich vielmehr ein Stadtbummel an.

Das **Alte Rathaus** auf dem Markt wurde 1546 anstelle eines beim Stadtbrand von 1540 zerstörten Vorgängerbaus errichtet. Der Ziegelbau mit spätgotischen Elementen wurde nach starken Kriegszerstörungen bis 1956 wieder aufgebaut. An der Südseite befindet sich ein freistehendes Glockenspiel mit 24 Bronzeglocken. Die seit Ende des 17. Jahrhunderts zur Ruine verfallene Burg wurde nach dem Zweiten Weltkrieg restauriert. Nicht weit entfernt an der Wallstraße stehen noch größere Reste der ehemaligen Stadtmauer.

*Aus der Innenstadt (**Knoten** 81) folgen Sie den Schildern weiter über die 86 und 80 zum **Knotenpunkt** 70.*

Flachsmuseum

Im Wegberger Ortsteil Beeck erinnert das 3 **Flachsmuseum** daran, dass das Dorf einst ein Zentrum des Flachsanbaus war. Flachs war nicht nur für die Landwirtschaft bedeutsam, sondern auch für die Textilindustrie der Region. In der Ausstellung werden Leinsamen und die Techniken der Flachsbearbeitung vom Raufen der Flachstängel bis zur Arbeit am Spinnrad und Webstuhl und zum fertigen Textilgewebe gezeigt.

Ein Museum für Europäische Volkstrachten zeigt Festtagstrachten aus verschiedenen Ländern Europas.

*Das letzte Stück führt zum **Knotenpunkt** 71 und rechts zum Bahnhof in Wegberg, Ihrem Ausgangspunkt.*

E-Bike Ladestationen an oder nahe der Route

Haus Schüppen
Zum Thomeshof 1, Wegberg

Restaurant Unterstadt
Am Roßtor 1, Wassenberg

Ladestation Breteuilplatz
Hückelhoven

Kath. Kirchengemeinde St. Lambertus
Johannismarkt 58, Erkelenz

Schloss Rheydt

Tour 24 Länge 50 km

IN DIE UMGEBUNG VON NEUSS

Rundtour von Neuss über Korschenbroich, Schloss Rheydt und Liedberg

Eine Tour mit landschaftlichen Reizen, kulturellen Highlights und viel Geschichte abseits des Großstadtrubels.

Was erwartet mich?

49,6 km, eine spannende Tour mit landschaftlichen Reizen, überwiegend auf naturbelassenen und asphaltierten Wirtschaftswegen.

Wie komm' ich hin?

ÖPNV:
Hauptbahnhof Neuss

Mit dem Auto:
A 57 Ausfahrt Büttgen, in Neuss Further Straße

Was muss ich sehen?

1 **Schloss Rheydt**
2 **Schloss Liedberg** in Korschenbroich
3 **Quirinus-Münster** in Neuss

Wo tank' ich auf?

Trafostation Neuss
Deutsche Str. 2, Neuss
Liedberger Landgasthaus
Landstraße 19, Korschenbroich
Biergarten „Mühlenwirtschaft"
Selikumer Str. 25, Neuss

Kartentipp: **ADFC Regionalkarte Niederrhein Süd**

TOURSTART

Sie starten in Neuss am Hauptbahnhof. Der Bahnhof verfügt über Aufzüge. Sie brauchen somit Ihr E-Bike keine Treppen hinauf oder herunter zu tragen.

*Vom Bahnhof radeln Sie über den **Knotenpunkt** 35 zur 39. Dabei überqueren Sie den Nordkanal, dem Sie nach Nordwesten (rechts) folgen.*

Der französische Kaiser Napoleon hatte dieses Wasserstraßenprojekt als „Grand Canal du Nord" zwischen dem Seehafen Antwerpen, der Maas und dem Rhein initiiert. Er reiste 1804 an den Niederrhein und informierte sich vor Ort über einen möglichen Trassenverlauf des Kanals. Detailplanungen begannen im Jahre 1806, Teilstücke wurden von Neuss bis Neersen und in den Niederlanden fertiggestellt. Der Nordkanal erinnert an die Fossa Eugeniana, mit der die Spanier 1626 einen Kanal von Rheinberg nach Venlo an der Maas bauen wollten.

Entlang der historischen Trasse des Kanals verläuft ein Radweg von Grimlinghausen am Rhein über Neuss, Holzbüttgen, Viersen-Donk, Süchteln, Grefrath und Straelen, der weiter bis nach Venlo führen soll.

*Sie radeln entlang des Kanals über die **Knotenpunkte** 40, 46, 45 zum Knotenpunkt 47. Hier verlassen Sie den Kanal, biegen links ab und radeln weiter über die **Knotenpunkte** 44, 53, 52 und 36 zum **Knotenpunkt** 10 am* **Schloss Rheydt**.

Bild rechts: Schloss Rheydt

Das 1 **Renaissance-Wasserschloss** mit Torburg, Vorburg und Haupthaus ließ der damalige Schlossherr Otto von Bylandt von Maximilian Pasqualini (1534–1572), einem Sohn des italienischen Baumeisters Alessandro Pasqualini errichten. Das Herrenhaus gestaltete Pasqualini als repräsentatives Wohngebäude im Stil der italienischen Renaissance mit niederländischen Einflüssen, die sich am Figurenschmuck der Fassade und der Inneneinrichtung mit Kaminen, Fliesen, Wand- und Deckenmalereien zeigen.

Zerstörungen und Umbauten hielten sich in späteren Jahrhunderten in Grenzen. 1940 wurde das Schloss zur Wohnstätte für den gebürtigen Rheydter Nazi-Propagandaminister Joseph Goebbels umgebaut. Goebbels selbst besuchte das eigens für ihn renovierte Schloss allerdings nur zweimal in seinem Leben.

Haus Horst

Nach einer umfangreichen Restaurierung zwischen 1988 und 1993, ist Schloss Rheydt heute weitgehend für Besucher zugänglich, einschließlich der Wallanlage und Teilen der Kasematten. Das Städtische Museum im Schloss zeigt seine umfangreiche Sammlung von Kunst- und Kulturgegenständen der Renaissance- und Barockzeit sowie zur Textilgeschichte Mönchengladbachs.

Unsere Tour führt nun wieder zurück zum ***Knotenpunkt*** *36 und rechts weiter zum* ***Knotenpunkt*** *54 in Liedberg.*

Dabei passieren Sie zuerst **Haus Horst**. Der wasserumwehrte ehemalige Rittersitz geht bis ins Jahr 1338 zurück. Im 19. Jahrhundert gelangte das Haus in bürgerlichen Besitz. Das Herrenhaus wurde 1853 nach Plänen von Ernst Friedrich Zwirner im Stil des Historismus umgebaut. Das zweigeschossige Torhaus im westlichen Flügel stammt noch aus dem 17. Jahrhundert. Heute wird das Herrenhaus als Privatklinik für Psychiatrie, Psychotherapie und Psychosomatik genutzt.

Schloss Liedberg

Als Nächstes erreichen Sie **Liedberg**. Einst reichte die Landesherrschaft Liedberg nördlich bis Krefeld, westlich bis zur Niers und östlich bis zum Rhein. **2 Schloss Liedberg** entstand als Höhenburg mit Vor- und Hauptburg im 13. Jahrhundert. Die Festung war von einem großen Festungsgraben umgeben, der große Teile des heutigen Ortes Liedberg umfasste. Erst ab 1608 wurden dort Privathäuser gebaut. 1673 wurde der Ort Liedberg im Spanisch-Niederländischen Krieg fast völlig zerstört und die Burg beschädigt. Beim Wiederaufbau erhielt die Anlage ihre barocke Haube.

Das Schloss wurde während des Zweiten Weltkriegs von einer Bombe getroffen und verfiel danach bis zu ersten Restaurierungsarbeiten 1968. Seit 2008 wurden umfangreiche Sanierungsarbeiten durchgeführt.

Der sieben Stockwerke hohe Turm an der Ostkuppe des Liedbergs war ein Bergfried der Festung Liedberg. 1572 wurde er zur Windmühle umgebaut, die bis 1836 betrieben wurde.

*Vom Schloss geht es weiter geradeaus über die **Knotenpunkte** 55, 59, 60, 61, 62 und 69 zum **Knotenpunkt** 72 an der Erft.*

Hier steht das ehemalige **Kloster Eppinghoven**. Es wurde um 1214 errichtet und dem Zisterzienserorden und der Autorität des Abtes von Kamp unterstellt. 1650 erfolgte die Umwandlung in ein adliges Damenstift. Zur Zeit der französischen Besetzung des Rheinlandes 1795 wurde das Kloster als Lazarett für 700 Mann eingerichtet. 1802 wurde das Stift aufgehoben und die Stiftskirche abgebrochen.

*Über den **Knotenpunkt** 71 radeln Sie weiter zur 73 auf einer landschaftlich reizvollen Etappe entlang der Erft.*

Am Wege liegt **Schloss Reuschenberg**. Die Ursprünge des Ritterhofes gehen bis 1284 zurück. Zwischen 1582 und 1587 gab es Zerstörungen und 1699 musste die verschuldete Familie von Reuschenberg das Haus räumen. 1847 ließ Freiherr Carl von Boeselager den alten Wirtschaftshof innerhalb der Gräben abreissen und vor dem Außengraben einen neuen Gutshof bauen. 1912 verkaufte Freiherr Dietrich von Boeselager Haus und Gut an die Stadt Neuss. 1917 gründete die Gesellschaft für landwirtschaftliche Frauenbildung dort die „Wirtschaftliche Frauenschule Selikum" zur Ausbildung von landwirtschaftlichen Haushaltslehrerinnen. Ab 1969 wurde sie als Lehranstalt für land- und hauswirtschaftliche Frauenbildung, ab 1980 Berufsfachschule für ländliche Hauswirtschaft, Fachschule für Ernährungs- und Hauswirtschaft geführt. 1999 erwarb eine Vermögensverwaltungsgesellschaft Schloss Reuschenberg und verkaufte es nach Sanierung und Modernisierung Ende 2009 in Privateigentum.

Hamtorwall in Neuss

*Die Schilder führen Sie weiter entlang der Erft bis zu deren Mündung am Rhein am **Knotenpunkt** 1, nach links zur 30 und entlang des Nordkanals über **Knotenpunkt** 33 durch den Stadtgarten zum **Knotenpunkt** 35.*

Am Hamtorplatz lohnt sich ein Abstecher nach Norden zum **Quirinus-Münster**, der bedeutendsten Sehenswürdigkeit der Stadt.

Neuss gehört zu den ältesten Städten Deutschlands. Um das Jahr 16 v. Chr. errichteten römische Soldaten an der Mündung der Erft in den Rhein, etwa 2,5 km südöstlich der heutigen Altstadt, das Militärlager Novaesium. Um das Lager entstand eine Lagervorstadt, in der Handwerker, Händler und Gastwirte leb-

Reisemobilstellplätze an oder nahe der Route

Wohnmobilstellplatz am Neusser RennbahnPark
Stresemanallee (Zufahrt), Neuss

Wohnmobilstellplatz Liedberg
An der Tränke 14, Korschenbroich

ten. Daraus erwuchs eine Zivilsiedlung und im Laufe der Jahrhunderte das heutige Neuss.

Um 850 kam es zur Gründung eines Klosters, das im 12. Jahrhundert in ein adliges Damenstift umgewandelt wurde.

Das 3 **Quirinus-Münster** wurde zwischen 1209 und 1230 an der Stelle einer Vorgängerkirche erbaut, in dem bereits die Gebeine des Stadtpatron Quirinus aufbewahrt wurden. Der Pilgerstrom – gewissermaßen der Tourismus des Mittelalters – sorgte für Wohlstand, der sich auch im Bau dieser monumentalen Kirche zeigte. Das Quirinus-Münster gilt als herausragendes Beispiel für die Sakralarchitektur in der Übergangszeit von der Romanik zur Gotik in Deutschland. Von der ursprünglich prächtigen Innenausstattung blieb nicht viel erhalten. Bedeutend ist der Quirinusschrein von 1900, der die Reliquien sowie einen römischen Sarkophag mit spätromanischer Grabplatte und eine Quirinusstatue aus dem 16. Jahrhundert birgt.

Am Knotenpunkt 35 sehen Sie rechts schon den Hauptbahnhof Neuss, Ihren Ausgangspunkt.

Quirinus-Münster

E-Bike Ladestationen an oder nahe der Route

Rheinpark-Center Neuss
Breslauer Str. 2-4,
Neuss

Rathaus Korschenbroich
Sebastianusstr. 1,
Korschenbroich

Ladestation: Biergarten Privatbrauerei Bolten
Rheydter Str. 138,
Korschenbroich

Festungsstadt Zons

Tour 25 Länge 43 km

ZUM SCHATZ IM SILBERSEE

Eine Rundtour von Dormagen über Zons, Stürzelberg und Kloster Knechtsteden

Die Tour führt über den Rheindeich mit schönen Ausblicken auf die Auenlandschaft. Die kleine alte Festungsstadt Zons und das Kloster Knechtsteden bilden kulturelle Höhepunkte.

Was erwartet mich?

43,5 km, eine landschaftlich reizvolle Tour über den Rheindeich überwiegend auf asphaltierten und naturbelassenen Wirtschaftswegen.

Wie komm' ich hin?

ÖPNV:

Bahnhof Dormagen

Mit dem Auto:

A 57 Ausfahrt Dormagen, dort: Bahnhofstraße.

Was muss ich sehen?

1 **Festungsstadt Zons**

2 **Kloster Knechtsteden** in Dormagen

Wo tank' ich auf?

Fährhaus Zons

Herrenweg 39, Dormagen

Klosterhof Knechtsteden

Klosterallee 1, Dormagen

Kartentipp: **ADFC Regionalkarte Niederrhein Süd**

TOURSTART

Sie starten am Bahnhof in Dormagen. Der Bahnhof verfügt über Aufzüge. Sie brauchen Ihr E-Bike keine Treppen hinauf oder herunter zu tragen.

Vom Bahnhof radeln Sie rechts durch die Bahnhofstraße und parallel zu den Bahnschienen über die Straßen rechts An der Langenfuhr, links Vom-Stein-Straße links-rechts zum ***Knotenpunkt*** *42 und weiter zur 43. Hier gelangen Sie an den Rheindeich, an dem Sie nach links flussabwärts mit herrlichen Blicken auf die Rheinauenlandschaft und den Fluss mit den vorbeiziehenden Schiffen entlang radeln.*

Sie umfahren die ***Festungsmauern der Rheinfeste*** *von Zons und gelangen beim* ***Knoten*** *34 über das nördlich gelegene Rheintor in die historische Kleinstadt.*

Innenhof der Burg Friedestrom in Zons

Einen **Fronhof** des Kölner Erzbischofs hat es in Zons, urkundlich belegt, seit dem Beginn des 12. Jahrhunderts gegeben. 1372 verlegte der Kölner Erzbischof Friedrich III. den Rheinzoll von Neuss nach Zons. Die Verlegung der Zollstätte wurde von König Wenzel am 6. Juli 1376 ausdrücklich bestätigt. Zum Schutz der

Zollstätte wurde ab 1373 mit dem Bau von **Burg Friedestrom** und dem Bau einer Stadtbefestigung durch Mauern und Gräben begonnen. Noch im gleichen Jahr erhielt Zons die Stadtrechte.

Den Kern der 1 **Festungsstadt** bildete die **Burg Friedestrom**, die zugleich Amtssitz des bischöflichen Schultheiß war. An den Eckpunkten der Festung befinden sich verschiedene Türme: im Nordosten der rechteckige **Rheinturm**, im Nordwesten der runde **Krötschenturm**, der mal als Wachturm, mal als Verlies und mal als Speicher diente. Im Südwesten der runde **Mühlenturm**, der vermutlich schon im 15. Jahrhundert zu einer Windmühle umgebaut wurde. Die Mühle war bis zum Jahre 1909 in

Juddeturm in Zons

Bild oben: Mühlenturm

Kloster Knechtsteden

Betrieb und kann heute besichtigt werden. Sie bietet überdies einen schönen Blick über Zons und bei guter Sicht bis ins Bergische Land und zum Kölner Dom. Der **Schlossturm** im Südosten wird auch als „Eisbrecher" bezeichnet. Am Fuße dieses Turmes, der außer zur militärischen Verteidigung auch zum Schutz gegen eventuelles Treibeis angelegt wurde, erkennt man noch deutlich Spuren von Treidelseilen. Zwei Tore führten in die Stadt: im Norden das Rheintor und im Westen das später fast vollständig abgetragene Feldtor.

Heute ist in Burg Friedestrom das **Kreismuseum Zons** untergebracht. Sammlungsschwerpunkt ist die weltweit größte zugängliche Zinnsammlung des Jugendstils. Ein weiterer Sammlungsschwerpunkt ist Textildesign.

Sie verlassen Zons und radeln auf dem Rheindeich weiter nach Stürzelberg und über die ***Knotenpunkte*** *33 und 83 zur 84 bei Allerheiligen.*

In Stürzelberg lebte früher ein bedeutender Teil der Einwohner vom Fischfang. Bis in die 1990er Jahre lag im **Silbersee**, einem Altrheinarm nördlich des Ortes, den Sie auf dieser Tour passieren, noch ein Aalschokker, ein traditionelles Fischerboot, vor Anker. Nachdem es versank, ist heute bei normalem Wasserstand noch der Mast des Aalschokkers sichtbar. An das bis in die 1860er Jahre übliche Schleppen von Rheinkähnen durch Treideln erinnert das **Treideldenkmal** am Rheinufer.

*Unsere Tour führt weiter geradeaus über die **Knotenpunkte** 85, 52 und 53 zum **Knoten** 54.*

Das 2 **Kloster Knechtsteden** wurde im 12. Jahrhundert als Prämonstratenserabtei errichtet. Durch Kriege wie der Schlacht von Worringen (1288) wurde die Klosterbasilika mehrfach beschädigt. Als französische Truppen unter Napoléon im Jahr 1795 die linksrheinischen Gebiete besetzte, wurde das Kloster von den Bewohnern der umliegenden Orte geplündert. Nach der Säkularisation diente es zeitweise als Heilstätte für Nervenkranke. 1895 wurde die Ruine schließlich für den Missionsorden der Spiritaner erworben. Nach der Basilika wurden auch die anderen Gebäude des Klosters bis 1908 wieder aufgebaut.

Besonders sehenswert sind Malereien in der Westapsis aus der Mitte des 12. Jahrhunderts. In der Apsis ist Christus in einer Mandorla auf einem Regenbogen sitzend als Pantokrator dargestellt. Er ist umgeben von den vier Evangelistensymbolen und zusätzlich links von Petrus als Fürst der Apostel und rechts von Paulus als Lehrer der Völker. Im Kloster leben derzeit ca. 20 Spiritaner-Mönche. Das Kloster ist frei zugänglich.

*Nun folgen Sie den Schildern zu den **Knotenpunkten** 55 und 50.*

Der kleine **Wildpark Tannenbusch** beherbergt etwa 200 Tiere, vor allem Rot-, Dam- und Muffelwild aber auch Wildschweine und Tarpane.

*Die letzte Etappe führt über die **Knotenpunkte** 49 und 44 in Richtung 42. Sie biegen aber hinter den Bahngleisen links ab und erreichen über die Bahnhofstraße Ihren Ausgangspunkt, den Bahnhof in Dormagen.*

Reisemobilstellplätze an oder nahe der Route

Wohnmobilstellplatz am Rheintor
Herrenweg 2, Dormagen
Wohnmobilstellplatz Am Tannenbusch
Im Tannenbusch, Dormagen

E-Bike Ladestationen an oder nahe der Route

Bahnhof Dormagen, Radstation
Bahnhofstraße, Dormagen
Rheintorvorplatz Zons
Herrenweg, Zons

Die schönsten Radtouren und Radfernwege...

ISBN 978-3-96990-040-6

ISBN 978-3-87073-981-2

ISBN 978-3-96990-080-2

ISBN 978-3-87073-913-3

ISBN 978-3-96990-064-2

ISBN 978-3-87073-962-1

ISBN 978-3-96990-038-3

ISBN 978-3-96990-039-0

ISBN 978-3-87073-979-9

Erhältlich im Buchhandel oder bei:
BVA BikeMedia GmbH, Tel.: 0521 / 59 55 40
bestellung@bva-bikemedia.de

Jeweils 224 Seiten, durchgehend farbig, Paperback, Format 14,5 x 21 cm, Preis € 14,95

ISBN 978-3-96990-069-7

ISBN 978-3-96990-048-2

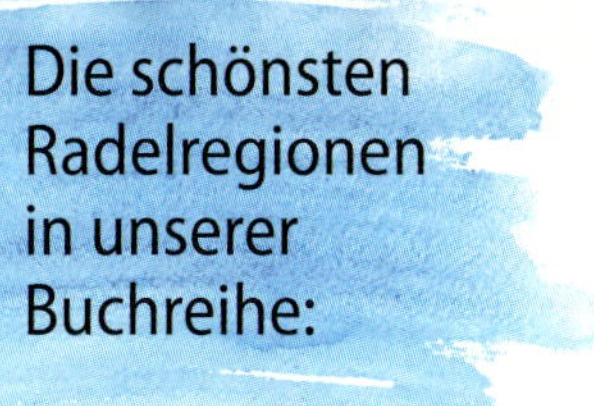

Die 25 schönsten

E-BIKE TOUREN

Jeweils 224 Seiten, durchgehend farbig, Paperback, Format 14,5 x 21 cm Preis € 17,95

GPS-Tracks Download

ISBN 978-3-96990-102-1

Die 99 schönsten RADTOUREN für CAMPER E-Bike geeignet in Deutschlands Mitte, Belgien, Luxemburg & den südlichen Niederlanden

ISBN 978-3-96990-107-6

ISBN 978-3-96990-137-3

ISBN 978-3-96990-079-6

ISBN 978-3-96990-078-9

ISBN 978-3-87073-112-0

www.fahrrad-buecher-karten.de

Impressum

1. Auflage 2023

Touren/Texte: Otmar Steinbicker, Aachen

Titelfoto: © HeinzWaldukat/AdobeStock; ilbusca/iStock

Fotos: Otmar Steinbicker (S. 8 oben, 8 unten, 9, 14, 15, 21, 22, 23, 24, 25 oben, 25 unten, 30, 31, 33, 37 oben, 42 oben, 42 unten, 47 oben, 50, 59, 60 oben, 60 unten, 61, 65, 66, 74, 75 rechts, 78, 82, 84 links, 90, 95 oben, 95 unten, 96 unten, 97 oben, 102, 110, 114 unten, 115 oben, 116, 128, 130, 138, 140, 143 unten, 146, 148, 151 oben, 152, 158 unten, 159, 162, 168, 176, 184, 187, 190, 191, 192, 194, 198/199, 202, 205, 213, 218) sowie

© HeinzWaldukat/AdobeStock (S. 1), © Malte Schmitz/Niederrhein Tourismus GmbH (S. 2/3, 7,10, 70), © Bundesanstalt für Wasserbau (S. 4/5), © Claire Slingerland/AdobeStock (S. 12), © Pieter Delicaat/wikimedia (S. 16, 18, 37 unten, 38/39, 41, 46, 51, 68), © Atitlan/wikimedia (S. 17), © Rainer Lippert/wikimedia (S. 19, 72/73), © Sebastian Haas/Tourismus NRW e.V. (S. 20 oben), © Sina W/Pixabay (S. 20 unten), © Tourismus NRW e.V. (S. 26, 32, 186), © Hans-MartinScheibner/wikimedia (S. 28), © Johannes Hohn/Tourismus NRW e.V. (S. 29), © Dominik Ketz/Tourismus NRW e.V. (S. 34, 89, 92, 94, 216), © RaimondSpekking/wikimedia (S. 36, 157, 160), © Michielverbeek/wikimedia (S. 40, 69 rechts, 81, 139, 151 unten, 174/175, 188 unten, 196/197), © Volker1978/wikimedia (S. 43), © Dietmar Rabich/wikimedia (S. 44, 47 unten, 96 oben, 118), © Pressestelle Stadtverwaltung Rees (S. 48/49), © Bert Kaufmann/wikimedia (S. 52), © Fredvida/wikimedia (S. 54, 55), © Sjaak Kempe/wikimedia (S. 57), © Bj. schoenmakers/wikimedia (S. 58), © DirkV71/wikimedia (S. 62), © Elke Wetzig/wikimedia (S. 67), © Ben Bender/wikimedia (S. 76/77, 115 unten), © Heribert Bechen (S. 83, 84 rechts), © Westerdam/wikimedia (S. 85), © Thomas Haymann/Pixabay (S. 86), © Steffen Schmitz/wikimedia (S. 88 links, 120, 132, 134, 135, 136/137, 170), © Barbara/wikimedia (S. 91), © Ad Meskens/wikimedia (S. 97 unten), © Guido Radig/wikimedia (S. 98), © Frank Vincentz/wikimedia (S. 80, 101 oben, 101 unten, 105 rechts, 143 oben, 147, 195), © Dat doris/wikimedia (S. 103, 106, 126, 137 unten), © Willemjans/wikimedia (S. 104 links, 153), © Avalanche FR/wikimedia (S. 104/105), © MichaelBelter/wikimedia (S. 109), © Daniel Mennerich (S. 111), © Zairon/wikimedia (S. 112), © Sir Gawain/wikimedia (S. 113), © H. Helmlechner/wikimedia (S. 114 oben), © Xjvolker/wikimedia (S. 119), © Daniel Fischer/Duisburg Tourismus (S. 121), © Huub Janssen (S. 122), © Malfoy/wikimedia (S. 123), © Karsten Disk Cat/wikimedia (S. 124), © falco/Pixabay (S. 127), © Uwe Barghaan/wikimedia (S. 129), © Hans Peter Schaefer/wikimedia (S. 131), © HenkvD/wikimedia (S. 142, 145), © O. Falkner/wikimedia (S. 149, 150, 167), © Clemens Vasters (S. 154), © TetrisL/wikimedia (S. 158 oben), © Carschten/wikimedia (S. 161), © Brigitte Odinius/Niederrhein Tourismus GmbH (S. 165), © Rudolfo42/wikimedia (S. 166, 180 links), © SirGawain/wikimedia (S. 169), © Tuxyso/wikimedia (S. 172/173), © Mino1997/wikimedia (S. 175 rechts), © ichmichie/wikimedia (S. 178), © Neozoon/wikimedia (S. 179), © Bert Kaufmann (S. 181), © Ahoerstemeier/wikimedia (S. 183), © Alupus/wikimedia (S. 188/189), © Kaethe und Bernd Limburg/wikimedia (S. 189 unten, 214), © Colling-architektur/wikimedia (S. 200), © Heinz Eser/wikimedia (S. 203), © Hans Peter Schaefer/wikimedia (S. 206), © Bodoklecksel/wikimedia (S. 207), © Wilfried Giesers/pixelio.de (S. 208), © Gabi Schoenemann/pixelio.de (S. 211), © CaS2000/wikimedia (S. 212), © Nikolay/wikimedia (S. 215), © Geolina163/wikimedia (S. 219 oben), © Thomas Max Mueller/pixelio.de (S. 219 unten), © Chris06/wikimedia (S. 220).

Buchgestaltung: Horst Krückemeier, www.hokrue.de, Bielefeld

Layoutkonzept und Umschlaggestaltung: Alexandra Struve, www.designundich.de, Braunschweig

Kartografie: BVA BikeMedia

ISBN: 978-3-96990-154-0